Gabriele Schweller

Ziel B1+

Deutsch als Fremdsprache

Lehrerhandbuch

Lektion 1–8
Niveau B1+

Hueber Verlag

Abkürzungen

TN = Teilnehmerin / Teilnehmer / Teilnehmerinnen / Teilnehmer
KL = Kursleiter / Kursleiterin / Kursleiterinnen / Kursleiter
UE = Unterrichtseinheit / Unterrichtseinheiten
Lernpartner = Lernpartnerin / Lernpartner / Lernpartnerinnen

Das Werk und seine Teile sind urheberrechtlich geschützt. Jede Verwertung in anderen als den gesetzlich zugelassenen Fällen bedarf deshalb der vorherigen schriftlichen Einwilligung des Verlags.

Hinweis zu § 52a UrhG: Weder das Werk noch seine Teile dürfen ohne eine solche Einwilligung überspielt, gespeichert und in ein Netzwerk eingespielt werden. Dies gilt auch für Intranets von Firmen, Schulen und sonstigen Bildungseinrichtungen.

Eingetragene Warenzeichen oder Marken sind Eigentum des jeweiligen Zeichen- bzw. Markeninhabers, auch dann, wenn diese nicht gekennzeichnet sind. Es ist jedoch zu beachten, dass weder das Vorhandensein noch das Fehlen derartiger Kennzeichnungen die Rechtslage hinsichtlich dieser gewerblichen Schutzrechte berührt.

3.	2.	1.			Die letzten Ziffern
2017	16	15	14	13	bezeichnen Zahl und Jahr des Druckes.

Alle Drucke dieser Auflage können, da unverändert, nebeneinander benutzt werden.
1. Auflage
© 2013 Hueber Verlag GmbH & Co. KG, 85737 Ismaning, Deutschland
Umschlaggestaltung: Marlene Kern, München
Satz: Sieveking, München
Gesamtherstellung: Auer Buch + Medien GmbH, Donauwörth
Printed in Germany
ISBN 978-3-19-131676-1

Inhalt und Überblick

Einleitung   **4**

methodisch-didaktische Hinweise
Hier finden Sie Angaben zur Sozialform und zur Arbeitsform, Hinweise zu den Aufgaben und Übungen, zu weiteren Sprechanlässen und Übungsmöglichkeiten, Hinweise zur Binnendifferenzierung sowie Angaben zur Landeskunde und zum Sprachgebrauch.

Lektion 0	Freut mich	**6**
Lektion 1	Glückwunsch	**8**
Lektion 2	Viel Spaß	**15**
Lektion 3	Mal was anderes!	**22**
Lektion 4	So war's	**27**
Lektion 5	Also gut, geht in Ordnung	**33**
Lektion 6	Gefällt mir	**39**
Lektion 7	Das tut gut!	**44**
Lektion 8	Gut, obwohl ...	**50**

methodisch-didaktische Boxen   **56**
Hier finden Sie Informationen zu grundsätzlichen Fragen des Unterrichts.

Transkriptionen der Hörtexte   **72**
  Kursbuch   **72**
  Arbeitsbuch   **83**

Lösungen zu den Aufgaben im Kursbuch   **94**

Quellenverzeichnis   **96**

Einleitung

Das Lehrwerk *Ziel* und der Gemeinsame Europäische Referenzrahmen

Das Lehrwerk *Ziel* bietet mit dem Band *Ziel* B1+ eine Wiederholung des Sprachniveaus B1 und führt mit seinen Aufgabenstellungen und Übungen zu den Bänden *Ziel* B2 hin. In diesem Sinne erfüllt dieser Band eine Brückenfunktion zwischen den beiden Teilniveaus. Mit den Bänden *Ziel* B2, Band 1 und Band 2, sowie *Ziel* C1, Band 1 und Band 2, umfasst das Lehrwerk die Niveaustufen B2 und C1 des Gemeinsamen Europäischen Referenzrahmens. Das heißt, die TN erreichen nach Bearbeitung der einzelnen Bände die jeweils auf dem Buch angegebene Niveaustufe.

Kurzer Überblick über die Niveaustufen des Gemeinsamen Europäischen Referenzrahmens:

In *Ziel* B1+ wird der Stoff des Niveaus B1 wiederholt.

Zum Aufbau des Kursbuchs

Das Kursbuch *Ziel* B1+ enthält acht Lektionen.
Jede Lektion umfasst 10 Seiten, dazu kommen 13 Seiten zusätzliche Informationen und Texte im Anhang.
Darüber hinaus enthält der Anhang auch die Lösungen zu den Fokus-Grammatik-Seiten.

Zum Aufbau einer Kursbuchlektion

Einstiegsseite

Jede Lektion beginnt mit einer *Einstiegsseite*, die die TN mit einer Einstiegsaufgabe in die Inhalte der Lektion einführt, die Lernziele präsentiert und die in der Lektion bearbeiteten Textsorten auflistet.

Die Abschnitte A, B, C, D ...

In den folgenden *Abschnitten A, B, C, D, ...* werden die verschiedenen auf den Seiten 6–8 aufgelisteten Lernziele vermittelt. Jeder Abschnitt beginnt mit einer Einstiegsaufgabe und endet mit einer Anwendungsaufgabe.

Die Übersichtsseiten

Die Übersichtsseiten *Wendungen und Ausdrücke* und *Grammatik* fassen den Lernstoff der jeweiligen Lektion in einer Übersicht zusammen.

Verweise im Kursbuch

In den Abschnitten *A, B, C, D, ...* sind Verweise ins Arbeitsbuch enthalten, wo die TN vielfältige Übungen und Aufgaben zu den einzelnen Sprachphänomenen sowie zu den produktiven Fertigkeiten angeboten bekommen. In einigen Abschnitten wird darüber hinaus in den Anhang verwiesen, wo die TN Informationen und Aufgaben zur kommunikativen Arbeit im Kurs finden.

Zum Aufbau des Arbeitsbuchs

Das Arbeitsbuch enthält, analog zu dem Kursbuch, ebenfalls acht Lektionen. In den Arbeitsbuchlektionen finden die TN Aufgaben und Übungen zu den einzelnen Lernzielen der Kursbuchabschnitte: Die TN können hier – je nach ihrem individuellen Sprachstand – ihren WORTSCHATZ festigen und verbessern. Unter der Rubrik GRAMMATIK wird die Grammatik auf dem Niveau B1 wiederholt, zusammengefasst und gefestigt. Die Übungen SÄTZE BAUEN und TEXTE BAUEN trainieren die produktiven Fertigkeiten Sprechen und Schreiben. Die ÜBUNGEN ZU PRÜFUNGEN machen die TN allgemein mit Prüfungsaufgaben auf dem Niveau B2 vertraut. PHONETIK bietet ausgewählte Aufgaben und Übungen zur Intonation.

Im Arbeitsbuch wird bei den Aufgaben und Übungen folgendermaßen unterschieden: die blauen Übungen sollten gelöst werden, sie dienen der Wiederholung und Festigung, die braunen Übungen sind Vertiefungsübungen für die TN, die spezielle Interessen haben oder ihr Wissen vertiefen wollen (siehe Box *Binnendifferenzierung,* S. 57). Die Übungen zur Einstiegslektion 0 sind rot gekennzeichnet, dabei handelt es sich um Wiederholungsaufgaben zum Sprachstand A2.

Zur Lerner-CD-ROM (im Arbeitsbuch eingelegt)
Auf der Lerner-CD-ROM finden die TN alle *Hörtexte* des Arbeitsbuchs als MP3-Dateien. Das *Lerner-Portfolio* begleitet die TN auf ihrem Lernweg, unterstützt sie bei der Bewusstmachung von Lernerfolgen, Lernzielen, Lernhindernissen und beim Überwinden spezifischer Schwierigkeiten, die die Ausgangssprache mit sich bringt.
Eine ausführliche Grammatikübersicht, eine Sammlung aller Wendungen und Ausdrücke sowie der ausgewiesene *Lernwortschatz* stellen eine zusätzliche Unterstützung für den Lerner dar.
Außer den *Lösungen zum Arbeitsbuch* stehen alle Dateien auch als freie Textdateien zur Verfügung, die von den einzelnen TN oder zum Teil auch vom gesamten Kurs bearbeitet werden können.

Zum Aufbau des Lehrerhandbuchs
Das Lehrerhandbuch führt Sie sicher durch jeden Abschnitt einer Lektion. Darüber hinaus erhalten Sie zu einzelnen Lernschritten wertvolle Hinweise. Die Informationen zur Sprachanwendung und zur Landeskunde runden diese *methodisch-didaktischen Hinweise* ab. Die *methodisch-didaktischen Boxen* erläutern, wie zum Beispiel Binnendifferenzierung, Leseverstehen usw. im Lehrwerk umgesetzt werden oder geben allgemeine Tipps zur Gruppenbildung, zur Auswertung von Gruppenarbeit usw. Zudem enthalten sie Informationen zu Themen wie Sozial- und Arbeitsformen o. Ä. Die *Transkriptionen* der Hörtexte im Kurs- und im Arbeitsbuch sowie die *Lösungen* zum Kursbuch vervollständigen das Lehrerhandbuch.

2 Audio-CDs zum Kursbuch / 1 Audio-CD zum Arbeitsbuch
Die Audio-CDs enthalten alle Hörtexte des Kurs- bzw. Arbeitsbuchs.

Lehrwerkservice
Der Lehrwerkservice (www.hueber.de/ziel) enthält neben wichtigen *Informationen zum Produktkranz und zum Lehrwerk* Online-Übungen für die TN sowie Tests zu den Lektionen. Im Lehrwerkservice finden Sie auf den entsprechenden Seiten auch prüfungsvorbereitende Materialien.

Lektion 0 Freut mich

Worum geht es in der Lektion?

Lernziel: Kennenlernen und Kurseinstieg

In dieser Lektion bietet sich darüber hinaus die Möglichkeit, bestimmte Grundkenntnisse der Niveaustufe A2 zu wiederholen, das wird vor allem auch durch die Übungen im Arbeitsbuch unterstützt. Man kann auf diese Strukturen wiederholende und zusammenfassende Übungen aber bei Bedarf auch zu einem anderen Zeitpunkt zurückkehren. Das Übungsangebot in dieser 0-Lektion ist fakultativ.

Ideen zum Kennenlernen:
Wenn die TN sich noch nicht kennen, empfiehlt es sich, die TN möglichst schnell in Kontakt treten zu lassen. Die einfachste und zeitsparendste Variante sind Interviews. Schreiben Sie an die Tafel Begriffe wie *Name / Herkunftsland / Wohnort / Schule / Beruf / Familie / Freunde / Freizeit und Hobbys / Lieblingsspeise, -getränk* etc.
Bitten Sie dann die TN, paarweise Fragen zu den Begriffen zu formulieren, und schreiben Sie diese an die Tafel. Mit diesem Fragenkatalog ausgestattet, interviewen sich die TN gegenseitig in Paaren oder Dreiergruppen. Da die Kurszusammensetzung neu ist, können die TN sitzen bleiben und ihre jeweiligen Nachbarn interviewen. Kennt sich ein Teil der Gruppe bereits, empfiehlt es sich, die neuen Kursteilnehmer mit denen, die sich kennen, zu mischen. Je nach verfügbarer Kurszeit, können sich die TN danach im Plenum gegenseitig vorstellen.

Hinweis: Die folgenden Aufgaben bieten sich an, um sich wieder in den Unterricht einzufinden und die Kenntnisse der A2-Stufe in den Grundlagen aufzufrischen.

Aufgabe 1
- Plenum:

Die TN betrachten das Foto und erzählen, was sie auf dem Foto sehen. Sammeln Sie an der Tafel alles, was die TN äußern. So wird das Vokabular aufgefrischt.
Falls die TN noch sehr zurückhaltend sind, unterstützen Sie die TN, indem Sie fragen: „Was sehen Sie auf dem Tisch? Welche Farben sehen Sie? Gibt es Leute auf dem Foto? Was für eine Situation sieht man? Was für einen Anlass gibt es?" etc.

Aufgabe 1a und 1b
- Plenum:

Klären Sie die Begriffe und fragen Sie nach Beispielen (*Familienfeste:* Weihnachten, Geburtstage, Hochzeit, Taufe, Familientreffen etc.).
CD 1.2: Die TN hören und kreuzen an. Kontrolle im Plenum.
Hinweis: Bei dieser Höraufgabe geht es nicht darum, die einzelnen Sätze zu verstehen, sondern die situative Einbettung zu erfassen. Die Wendungen und Ausdrücke in Aufgabe 2 stammen aber aus diesen Gesprächsausschnitten. Wenn die TN in Rollenspielen sehr unerfahren sind, kann man mit den Kopien (siehe Transkriptionen der Hörtexte – Kursbuch, S. 72) eine gelenkte Dialogübung einbauen.

Aufgabe 2
Hinweis: Möglicherweise sind die TN mit Rollenspielen noch nicht sehr vertraut. Dann ist es gerade zu Kursbeginn wichtig, die Funktionsweise der Spiele ausführlich zu erklären. Machen Sie vor allem deutlich, dass die TN in eine Rolle schlüpfen und eine fremde Identität annehmen. Dazu dienen die Personenbeschreibungen. Geben Sie genug Zeit, diese Rollen zu verinnerlichen. Als diese neue Persönlichkeit treffen die TN ihre Lernpartner/innen auf einem Fest. Dort unterhalten sie sich – ähnlich wie im Hörtext bei Aufgabe 1 gehört.
- Plenum:

Erklären Sie die Vorgehensweise. Die TN finden sich paarweise zusammen.
- Einzelarbeit:

Die TN lesen die Personenbeschreibungen. Helfen Sie bei Unklarheiten oder Wortschatzproblemen.
- Plenum:

Besprechen Sie die Wendungen und Ausdrücke. Dazu können Sie den Hörtext nochmals vorspielen. Die TN versuchen einige der hier aufgeführten Wendungen zu identifizieren.
- Partnerarbeit:

Die TN spielen ihre Gespräche. Um dem Ganzen mehr Authentizität zu verleihen, stehen die TN auf und bewegen sich im Raum wie auf einer Party.
Hinweis: Die Übungen im Arbeitsbuch sind zusammenfassende Übungen zur Grundgrammatik der Niveaustufe A2. Diese sollten die TN beherrschen.

◁ **Arbeitsbuch, S. 6 + 7 / Übungen 1–3:** Grammatik (Wiederholung Satzstrukturen) ▷
◁ **Arbeitsbuch, S. 7 / Übung 4:** Grammatik (Wiederholung Konjugation) ▷
◁ **Arbeitsbuch, S. 8 + 9 / Übung 5:** Grammatik (Wiederholung Deklination) ▷

Lektion 1 Glückwunsch

Worum geht es in der Lektion?

Abschnitt **A**: „Mein Lieblingsfest"
Fertigkeiten: Hören, Sprechen
Lernziel: Die TN hören eine Radiosendung zum Thema Lieblingsfest und erkennen die Hauptaussagen. Sie können Glückwünsche und gute Wünsche passend zum jeweiligen Ereignis formulieren. Außerdem sprechen sie über Feste in verschiedenen Ländern.

Abschnitt **B**: „Guten Rutsch!"
Fertigkeiten: Lesen, Schreiben
Lernziel: Die TN sprechen über das Silvesterfest und lesen einen Text über Neujahrsbräuche. Dann schreiben sie eine Neujahrskarte sowie eine Antwortkarte.

Abschnitt **C**: „Hals- und Beinbruch! "
Fertigkeiten: Hören, Sprechen
Lernziel: Die TN sprechen über schwierige Prüfungssituationen und hören ein Gespräch zu diesem Thema. Dieser Dialog wird nachgespielt und abgewandelt. Sie können einer Person Mut machen.

Abschnitt **D**: „Drei E-Mails – drei Reaktionen "
Fertigkeiten: Lesen, Sprechen
Lernziel: Die TN lesen E-Mails, auf die sie angemessen mit einem Telefonat reagieren. Je nach Situation können sie gratulieren oder sie müssen trösten.

Abschnitt **E**: „Im Angebot"
Fertigkeiten: Lesen, Sprechen
Lernziele: Die TN lesen selektiv Informationen aus einer Internetseite und ordnen die Angebote zu. Anschließend sprechen sie über ihre Präferenzen.

Fokus Grammatik:
dass-Sätze, indirekte Fragesätze mit *ob* und Fragewörtern

Einstiegsseite, S.11

Hinweis zu den Einstiegsseiten im Unterricht:
Die Einstiegsseiten des Bandes *Ziel* B1+ Kursbuch bieten die Möglichkeit, in den Stoff der jeweiligen Lektion einzusteigen. Sie nehmen in der Regel wenig Zeit in Anspruch und haben das Ziel, die Vorkenntnisse der TN assoziativ zu aktivieren und die folgenden Seiten der Lektion thematisch zu situieren. Sie bieten aber auch die Möglichkeit, sich gemeinsam über die Lernziele der jeweiligen Lektion zu verständigen und ev. auch Schwerpunkte zu vereinbaren.

Aufgabe 1
- Einzelarbeit:
Die TN betrachten die Karikaturen und ordnen zu.
- Plenum:
Die TN berichten über ihre Zuordnung, Diskussion im Kurs, weshalb die Zuordnung passt oder nicht.

Hinweis zu den Karikaturen:

Karikatur A: Diese Karikatur bezieht sich auf den Brauch, dass die Geburtstag feiernde Person versucht, die Kerzen auf der Torte auf einmal auszublasen. Das soll Glück bringen.
Karikatur B: Diese Karikatur spielt mit der klassischen Rolle des Heiligen Nikolaus am Nikolaustag, der aber in der Regel im Schlitten dargestellt wird, und den Kostümfesten zur Faschings-/Karnevalszeit. In der Faschings-/Karnevalszeit kommt es in der Regel zu vermehrten Verkehrskontrollen.
Karikatur C: Der Text der Karikatur bezieht sich auf das traditionelle kirchliche Eheversprechen, das es in vielen Varianten gibt. Eine Variante:
Ich verspreche dir die Treue in guten und schlechten Tagen, in Gesundheit und Krankheit, bis der Tod uns scheidet. Ich will dich lieben, achten und ehren alle Tage meines Lebens.
Karikatur D: Typisch für die Silvesterfeiern sind das Anstoßen mit Sekt und die Frage, ob man fürs kommende Jahr einen guten Vorsatz hat, ob man sich also etwas vornimmt. Das sind in der Regel Dinge wie regelmäßig Sport zu treiben, abzunehmen, in der Schule fleißiger zu lernen, ordentlicher zu werden etc.

Aufgabe 2
Hinweis:
Je nach Kursgröße eignet sich diese kurze Diskussion für Kleingruppen oder das Plenum.
Hinweis:
Daran schließt sich implizit auch ein Gespräch daran an, ob man sich über Feiertage einen Spaß erlauben darf oder nicht. Das wird, wie die zahlreichen Karikaturen und „Spaßgrußkarten" zeigen, in unserem Kulturkreis entspannt gesehen.

A Mein Lieblingsfest, S. 12

A1 (kursorisches Hören)
- Einzelarbeit:
Die TN lesen die Aufgabenstellung.
- Plenum:
Klären Sie unbekannte Begriffe und spielen Sie den Hörtext ein- oder zweimal vor.
- Einzelarbeit:
CD 1.3–8: Die TN hören und ergänzen.
Hinweis: Vier der fünf Anrufer haben österreichische Akzente, was das Verstehen je nach Kursort möglicherweise etwas erschwert. Allerdings ist es die Realität, dass deutschsprachige Muttersprachler unterschiedliche dialektale Akzente haben. Deshalb ist es wichtig, sich das vor Augen zu führen und sich davon nicht beirren zu lassen. Hier geht es um kursorisches Hören, das heißt, die Hauptaussagen des Textes sollen erfasst werden, Details sind unwichtig.
Hinweis: In den Sprachstandsprüfungen des Sprachniveaus B1 werden die Sprachvarianten unterschiedlich eingesetzt. Sie führen dort aber in der Regel nicht wirklich zu einer Einschränkung des Verstehens. Dementsprechend soll das Verstehen der Sprachvarianten auch nicht systematisch geschult werden. Das würde über die Lernziele für das Niveau B1 hinausgehen.

☐ Box: Der Umgang mit Hörtexten, S. 59 ☐

◁ Arbeitsbuch, S. 10 / **Übung 1**: Wortschatz (Feiertage und Feste) ▷
◁ Arbeitsbuch, S. 10 + 11 / **Übung 2**: Grammatik (*dass*-Sätze nach bestimmten Verben und Ausdrücken). Vor allem die Übungen 2b und 2c eignen sich als Hausaufgabe. ▷
◁ Arbeitsbuch, S. 12 / **Übung 3**: Sätze bauen (Glückwünsche) ▷

A2 (Sprechen: Glückwünsche äußern)
- Plenum:
Besprechen Sie die Aufgabe, weisen Sie anhand des Beispiels darauf hin, dass es auch darum geht, die korrekte Form zu finden *(froh – frohe)*
- Einzelarbeit / Plenum:
Die TN ergänzen die Sprechblasen und Grußkarten, Korrektur im Plenum.

A3 (Über Feste sprechen)
Hinweis zur Kursorganisation:
In international besetzten Kursen ist es sinnvoll, die Kleingruppen mit TN aus verschiedenen Ländern zu besetzen.
Falls Sie in Ihrem Kurs viele TN aus dem gleichen Land haben, kann man auch länderhomogene Gruppen bilden, die gemeinsam (auf Deutsch!) Ideen zu den einzelnen Punkten sammeln und notieren. In diesem Fall empfiehlt sich eine anschließende gemeinsame Besprechung im Plenum. So können interkulturelle Vergleiche gezogen werden.
In homogenen Lernergruppen kommt es darauf an, bewusst zu machen, welche Feste es ev. gibt und welche nicht, und auf Deutsch zu erklären, welche Glückwünsche man da äußert und was man da macht.
- Kleingruppen:
Die TN sprechen in Kleingruppen über die drei vorgegebenen Themen: Vergleich Deutschland-Heimatland, typische Feste im Heimatland, persönliches Lieblingsfest.

☐ Box: Ideen zur Gruppenbildung, S. 64 ☐

B „Guten Rutsch", S. 13

Sprachlicher Hinweis:
Während man sich vor Weihnachten noch „schöne Feiertage" wünscht, verabschiedet man sich im alten Jahr von allen Leuten, die man erst im neuen Jahr wieder sieht, mit dem Satz „Guten Rutsch (ins neue Jahr)". Meistens wird dieser Spruch mit dem Bild des Hinüberrutschens oder Hinübergleitens ins neue Jahr erklärt, man wünscht einander also, dass man gut ins neue Jahr kommen soll, dass es gut beginnen soll.

Vorentlastung:
- Plenum:
Schreiben Sie „Guten Rutsch" an die Tafel und fragen Sie die TN: „Kennen Sie diesen Satz? Haben Sie ihn schon mal gehört?" „Was bedeutet er?" „Wann sagt man diesen Satz?"

B1
B1a
- Einzelarbeit / Plenum:
Die TN betrachten die Fotos und ordnen zu. Besprechung im Plenum.

B1b
- Kleingruppen:
Die TN berichten über ihre Erfahrungen in Deutschland oder darüber, was sie persönlich an Silvester machen.

Interkulturelle Komponente:
Wenn Sie einen international besetzten Kurs unterrichten, ist es sicher interessant, die TN im Plenum von den Silvesterbräuchen ihres Landes erzählen zu lassen.

Hinweis zur Landeskunde – Silvester:
Während Weihnachten immer noch traditionell ein Familienfest ist, wird Silvester sehr oft mit Freunden gefeiert. Dabei gibt es diverse Varianten, wie man den Abend bis Mitternacht und danach gestaltet. Junge Leute feiern auf Partys, in Diskotheken oder

Kneipen. Manche Leute gehen ins Restaurant zu einem festlichen Menü, Familien mit jüngeren Kindern verbringen die Zeit oft mit Gesellschaftsspielen (Kartenspielen, Brettspielen) oder eben **Bleigießen**. Wie auf Foto B gezeigt, lässt man Blei über dem Feuer schmelzen. Das flüssige Blei gießt man in eine Schüssel mit kaltem Wasser. Das flüssige Blei wird sofort hart, es entsteht eine meist bizarre Form. Nun liegt es an der Fantasie der Beteiligten, wie diese Gebilde interpretiert werden. Ziel ist es, Vorhersagen für das neue Jahr zu treffen. Das Material zum Bleigießen kann man in vorgefertigten Sets kaufen. Obligatorisch ist ein **Feuerwerk** (Foto C) um Mitternacht. Dieses wird nicht von offizieller Seite organisiert. Wer möchte, kann Feuerwerkskörper oder Silvesterknaller (Foto C) kaufen und sie an Silvester abbrennen. Allerdings gibt es zur Unfallvermeidung deutsche und inzwischen europäische Gesetze, die den Verkauf, die Lagerung und das Abbrennen regeln. Dabei werden die Feuerwerkskörper je nach enthaltenem Sprengstoff in vier Klassen und diverse Untergruppen eingeteilt. So kann man Kleinstfeuerwerke das ganze Jahr bekommen und abbrennen. Die nächst höhere Kategorie II, die so genannten Kleinfeuerwerke dürfen die Geschäfte allerdings nur drei Tage vor Silvester anbieten und lediglich an Personen über 18 Jahre verkaufen. Sie dürfen nur am 31.12. und 01.01. gezündet werden. Will man während des Jahres ein Feuerwerk dieser Kategorie abbrennen, muss man sich bei der zuständigen Gemeinde eine Ausnahmegenehmigung besorgen. Für größere Feuerwerke ab Klasse III muss man eine pyrotechnische Befähigung nachweisen. Trotz dieser Vorsichtsmaßnahmen gibt es jedes Jahr zu Silvester viele Unfälle wegen leichtsinnigem Umgang mit Feuerwerkskörpern. Egal wo und wie man Silvester feiert, die letzten Sekunden des alten Jahres werden mitgezählt und Punkt 0.00 Uhr begrüßt man das neue Jahr mit dem Satz „Prosit / Prost Neujahr", wobei man einander mit einem Glas Sekt zuprostet. (Fotos F und E) In der Regel wünscht man sich dabei ein Gutes / Gesundes / Glückliches neues Jahr.

B2 (kursorisches Lesen)
Hinweis: Es geht hier zunächst um kursorisches Lesen, das heißt nicht um Detailfragen. Auch im Hinblick auf Prüfungen ist es wichtig, das schnelle Lesen und Erfassen von groben Zusammenhängen zu trainieren. Geben Sie deshalb eventuell ein Zeitlimit für Aufgabe B2a.

◻ Box: Das Trainieren von Lesestrategien, S. 58 ◻

B2a
■ Einzelarbeit:
Die TN lesen und ordnen zu.

B2b
■ Einzelarbeit:
Die TN lesen zuerst die Aufgaben, dann den Text noch einmal. Schließlich kreuzen sie an.
■ Plenum:
Besprechung der Aufgaben B2a und B2b.

Hinweis zur Binnendifferenzierung:
Falls sie schneller und langsamer arbeitende TN im Kurs haben, können Sie den schnelleren TN Übungen im Arbeitsbuch anbieten, bis alle TN mit Aufgabe B2b fertig sind. Vor allem kurze Wortschatz-Übungen eignen sich dafür, wie zum Beispiel Übung 4 im Arbeitsbuch auf S. 12. So ist niemand gelangweilt und niemand fühlt sich gehetzt.

◁ **Arbeitsbuch, S. 12 / Übung 4: Wortschatz (Feste)** ▷
◁ **Arbeitsbuch, S. 12–14 / Übungen 5–7: Texte bauen (einen privaten Brief schreiben) Übung 5 empfiehlt sich vor den Aufgaben B3 und B4 (Kursbuch S. 14), die Übungen 6 und 7b eignen sich gut als Hausaufgabe.** ▷

Hinweis: In den folgenden Aufgaben B3 und B4 geht es darum, eine dem Sprachstand und dem Anlass angemessene Grußkarte zu schreiben (B3) und auf eine erhaltene Grußkarte angemessen zu reagieren.

B3 (Schreiben: eine Grußkarte)
■ Einzelarbeit:
Die TN schreiben eine Karte an einen Lernpartner aus dem Kurs. Ordnen Sie dazu jedem TN einen anderen TN zu. Das geht schnell und unproblematisch mit der *Farben-* oder *Namenmethode* (vgl. Box: Ideen zur Gruppenbildung, S. 64).
■ Partnerarbeit:
Die TN geben einander die geschriebenen Karten und lesen sie.

B4 (Schreiben: auf eine Grußkarte reagieren)
■ Einzelarbeit:
Die TN schreiben eine Antwortkarte.
■ Partnerarbeit:
Die TN tauschen wiederum die Antwortkarten aus.

C „Hals- und Beinbruch!" S. 15

Sprachlicher Hinweis:
Abweichend von der wörtlichen Bedeutung dieses Spruchs wünscht man mit „Hals- und Beinbruch" Glück und Erfolg. Erklärt wird dies mit der phonetischen Ähnlichkeit zu dem jiddischen Segenswunsch *hatslokhe u brokhe,* der sich wiederum aus dem Hebräischen *hazlacha uwracha* ableitet. Darüber hinaus passt dieser im wörtlichen Sinn grausame Spruch zu der in vielen Kulturen üblichen Tendenz,

sich mit schlechten Wünschen die bösen Geister fernzuhalten bzw. die Götter durch Bescheidenheit positiv zu stimmen.

Vorentlastung:
■ Plenum:
Weisen Sie die TN auf die Überschrift des Abschnittes C hin und erklären Sie die Bedeutung. Fragen Sie die TN, ob es in deren Muttersprachen ein Pendant zu diesem im Deutschen üblichen Spruch gibt.

C1 (Sprechen: über eine persönliche Situation)
C1a
■ Plenum:
Die TN betrachten die Fotos und berichten von ihren Erfahrungen.

Hinweis: Falls Ihre TN noch ein wenig schüchtern sind, können Sie immer den Umweg über die Partner- oder Kleingruppenarbeit nehmen. Die TN bearbeiten die Aufgabe erst zu zweit oder in kleinen Gruppen. Danach ist es für die TN leichter, im Plenum zu sprechen.
Alternativ lassen Sie die TN als Vorentlastung zunächst die Fotos und die Situationen beschreiben. Eventuell müssen die Begriffe unter den Fotos geklärt werden. Fragen Sie: „Was sehen Sie auf den Fotos?" „Was machen die Personen?" „Waren Sie schon mal in so einer Situation?"

C1b
■ Plenum:
Fragen Sie die TN, welche der abgebildeten Situationen für sie schwierig oder leicht sind. Gibt es andere Prüfungen oder Situationen, die die TN kennen und die sie als schwierig oder leicht empfinden?

C2
C2a (kursorisches Hören)
■ Plenum:
Fragen Sie die TN, welche Personen man hier sieht und wo das Foto aufgenommen ist. Fragen Sie auch nach dem zweiten Foto. Allen sollte klar sein, dass es sich um einen Kalender handelt.
■ Einzelarbeit:
CD 1.9: Die TN hören und kreuzen an.
C2b (detailliertes Hören)
■ Einzelarbeit:
Die TN hören den Text noch einmal und kreuzen an.
■ Plenum:
Kontrolle der Aufgaben.

◁ **Arbeitsbuch, S. 14 / Übung 8: Wortschatz (Prüfungssituationen)** Je nach Kursverlauf können Sie diese Übung bereits nach C1 erledigen lassen oder erst nach C3. ▷

◁ **Arbeitsbuch, S. 15–17 / Übungen 9 + 10: Grammatik (indirekte Fragesätze)** Übung 9 eignet sich zur Wiederholung und Anwendung im Unterricht, Übung 10 als Hausaufgabe. ▷

C3 (Sprechen: jemandem Mut machen)
Hinweis zur Kursorganisation:
Der Text ist zum großen Teil eine Transkription des Hörtexts von C2.
Besonders in schwächeren Gruppen bietet es sich an, den Hörtext von C3 mit verteilten Rollen zu üben. Fertigen Sie dazu für jeden TN eine Kopie der Transkription. Jeweils zwei TN einigen sich darauf, wer wessen Rolle (Ferenc / Anka) übernimmt. Die TN hören anschließend das Gespräch und lesen mit. Während des Hörens und Nachsprechens markieren sie ihren Text. Danach lesen Sie in verteilten Rollen mit möglichst authentischer Intonation so oft, dass sie ihren Text fast auswendig können.
Der Alternativdialog (mit Vorstellungsgespräch) wird im Anschluss geschrieben.

Hinweis zur Binnendifferenzierung:
TN-Paare, die die Aufgabe schon sehr schnell befriedigend erfüllt haben, können Aufgaben im Arbeitsbuch erledigen.

Hinweis zur Landeskunde:
Bei den Hörtexten wurde darauf geachtet, dass zum Beispiel auch die Wahl der Vornamen der Realität in der Gesellschaft Rechnung trägt. Über die Vielfalt der Vornamen in Deutschland / Österreich und in der Schweiz können sich die TN auch im Internet einen Eindruck verschaffen, wenn sie die entsprechenden Suchwörter eingeben. Gerade bei den Vornamen spielen Modeerscheinungen und Migrationshintergrund eine große Rolle.

■ Plenum:
Besprechen Sie die Aufgabe und lesen Sie mit den TN die Aufgabenstellung auf S. 97.
■ Partnerarbeit:
Die TN lesen und spielen ihren Dialog.
Tipp: Dialoge, die frei gespielt werden sollen, eignen sich für eine kurze Bewegungsphase im Unterricht. Lassen Sie die TN aufstehen und die jeweiligen Paare irgendwo im Raum verteilt ihren Dialog lesen und später frei sprechen.

☐ **Box: Bewegung und Entspannung im Unterricht, S. 70** ☐

◁ **Arbeitsbuch, S. 17 / Übung 11: Sätze bauen (jemandem Mut machen)** ▷
◁ **Arbeitsbuch, S. 18 / Übung 12: Texte bauen (jemandem Mut machen)** ▷

D Drei E-Mails – drei Reaktionen, S. 16

Da (kursorisches Lesen)
- Einzelarbeit:
Die TN lesen und ordnen zu.
- Plenum:
Kontrolle der Lösungen.

Db (detailliertes Lesen)
- Partnerarbeit:
Die TN lesen den Text noch einmal und markieren die wichtigen Informationen sowie die Fragen.

◁ Arbeitsbuch, S. 19 + 20 / **Übung 13: Sätze bauen (auf eine E-Mail telefonisch reagieren)** Sie können diese Übung auch nach der Aufgabe Dc erledigen lassen. In diesem Fall ist es interessant, die Aufgabe Dc zweimal erledigen zu lassen. Einmal spontan, ohne die Arbeitsbuch-Übung gemacht zu haben, und einmal danach. Im Prinzip müssten die TN einen Fortschritt in ihren Ausdrucksmöglichkeiten feststellen. Ideal wäre es, die Aufgabe Dc am Ende einer Kurseinheit zu machen und die Arbeitsbuch-Übung als Hausaufgabe zu geben. Wenn die Aufgabe Dc zu Beginn der nächsten Unterrichtseinheit wiederholt wird, sollte ein Fortschritt spürbar sein. ▷

Dc (Sprechen: gratulieren, trösten, Fragen beantworten)
- Plenum:
Besprechen Sie die Aufgabe mit den TN und klären Sie die angegebenen Wendungen und Ausdrücke.
- Partnerarbeit:
Die TN spielen die Telefongespräche.
Hinweis:
Lebendig wird diese Aufgabe, wenn die TN ihre Handys in die Hand nehmen. Lassen Sie einige Gespräche im Plenum vorspielen. Um die Situation noch authentischer zu machen, setzen sich die Lernpartner Rücken an Rücken.

Fokus Grammatik:
dass-Sätze, indirekte Fragesätze mit *ob* und Fragewörtern, S. 17

Hinweis: Auch wenn man zurecht einwenden könnte, dass die TN schon auf der Niveaustufe A2 die Grundstrukturen der *dass*-Sätze sowie der indirekten Fragesätze mit *ob* und Fragewörtern gelernt haben, empfiehlt es sich, dieses Grammatikkapitel noch einmal intensiv zu wiederholen. Die Erfahrung zeigt, dass es vielen TN schwer fällt, diese Strukturen korrekt anzuwenden.

Aufgabe 1
1a
- Plenum:
Erklären Sie die Aufgabe.
- Einzelarbeit
CD 1.10, 1.11: Die TN hören und lesen den Text.

1b
- Einzelarbeit:
Die TN lesen die Regeln.
- Plenum:
Besprechen Sie die Regeln im Kurs und stellen Sie sicher, dass die TN alles verstanden haben. Erarbeiten Sie mit den TN den Unterschied zwischen Ja/Nein-Fragen und W-Fragen. Schreiben Sie die Überschriften *Ja/Nein-Fragen* und *W-Fragen* an die Tafel. Bitten Sie die TN, Beispiele für jede Kategorie zu nennen, notieren Sie diese unter der jeweiligen Überschrift.
Hinweis: Es bietet sich zur Überprüfung am Ende der Lektion jeweils an, dass die TN im Kurs den Test (siehe Lehrwerkservice im Internet) machen. Diese lektionsbezogenen Tests enthalten auch Testaufgaben, die sich ganz gezielt auf die Lektionsgrammatik beziehen.

1c
- Einzelarbeit:
Die TN markieren und ordnen zu.
- Partnerarbeit:
Vergleich und Kontrolle der Lösungen (Kursbuch, S. 102).

Aufgabe 2
2a
- Plenum:
Besprechen Sie den ersten Satz und weisen Sie die TN auf die Endposition des Verbs hin.
- Einzelarbeit:
Die TN ergänzen die Sätze 2 und 3.

2b
- Plenum:
Besprechen Sie die Sätze 1 und 2.
- Einzelarbeit:
Die TN ergänzen die Sätze 3 bis 7. Kontrolle mit den Lösungen auf S. 102.

Aufgabe 3
- Partnerarbeit:
Die TN ergänzen die Sätze. Kontrolle mit den Lösungen auf S. 102.

Aufgabe 4
- Plenum:
Besprechen Sie Satz 1 mit den TN.
- Einzelarbeit:
Die TN ergänzen die Sätze 2, 3 und 4.

■ Plenum:
Besprechung der Lösungen.
Zur kurzen Wiederholung können Sie die TN andere Verben mit festen Präpositionen nennen lassen und an der Tafel notieren *(sich kümmern um, denken an, sich erinnern an, sich freuen über, sich interessieren für ...)*. Die TN versuchen dann, *dass*-Sätze und indirekte Fragesätze wie in den Beispielen zu entwickeln.

Aufgabe 5
■ Plenum:
Besprechen Sie die Aufgabe und lesen Sie mit den TN die Sätze 1, 2 und 3.
■ Einzelarbeit:
Die TN markieren die restlichen Sätze.

Hinweis: Bei dieser Übung geht es in erster Linie darum, den TN noch einmal bewusst zu machen, dass es keinen Satz mit den aufgezählten Verben (und ähnlichen Verben, die sie schon gelernt haben oder noch lernen werden) geben kann, in denen es keine Form der Ergänzung (also dessen, was in der Übung 1 Information genannt wurde) gibt.

E Im Angebot, S. 19

Ea (selektives Lesen)
■ Plenum:
Besprechen Sie die Aufgabe mit den TN. Dieser Aufgabentyp ist beliebt bei diversen Prüfungen. Oft geht es auch darum, schnell zu arbeiten, weshalb es wichtig ist, die folgende Vorgehensweise zu trainieren. Bitten Sie die TN, im ersten Schritt die Sätze 1–5 genau zu lesen und die wichtigsten Informationen zu unterstreichen. Erst danach lesen die TN die Angebote A–G. Dafür sollen die TN aber möglichst wenig Zeit benötigen. Geben Sie deshalb ein Zeitlimit oder spornen Sie die TN an, indem Sie das Motto ausgeben: Wer ist der oder die Schnellste?
■ Einzelarbeit:
Die TN lesen und ordnen zu.
■ Plenum:
Besprechung der Aufgabe im Plenum.

Eb (Sprechen)
Organisatorischer Hinweis:
Je nach Kursgröße können Sie ein Gespräch in Kleingruppen oder im Plenum führen lassen. Der Vorteil von Kleingruppen ist, dass schüchterne TN auch zu Wort kommen oder sich eher trauen, etwas zu sagen.

Arbeitsbuch, „Darüber hinaus"

Hinweis: Der Arbeitsbuchteil „Darüber hinaus" schließt sich an jede Lektion an und beinhaltet jeweils eine Übung zur Phonetik sowie Übungen zu den B1-Prüfungen. Beide Aufgabentypen eignen sich für zuhause.
Weisen Sie die TN noch einmal darauf hin, dass sich die Hördateien zum Arbeitsbuch als mp3-Dateien auf der eingelegten Lerner-CD-ROM befinden.

◁ **Arbeitsbuch, S. 20 / Übung 14:** Phonetik (Wortakzent und Satzakzent) ▷
◁ **Arbeitsbuch, S. 21 / Übung 15:** Übungen zu Prüfungen (einen Antwortbrief schreiben) ▷
◁ **Arbeitsbuch, S. 21 / Übung 16:** Übungen zu Prüfungen (Hören: Diskussion im Radio) ▷

Lektion 2 Viel Spaß

Worum geht es in der Lektion?

Abschnitt **A: „Die liebsten Freizeitbeschäftigungen"**
Fertigkeiten: Lesen, Sprechen
Lernziel: Die TN lesen eine Statistik, wobei unbekannte Begriffe ohne Wörterbuch geklärt werden. Ein Gespräch über Freizeitbeschäftigungen schließt sich an.

Abschnitt **B: „Sag mir, was du hörst ..."**
Fertigkeiten: Lesen, Hören, Sprechen, Schreiben
Lernziel: Die TN sprechen kurz über ihre Vorlieben bezüglich des Musikhörens und lesen im Anschluss einen kurzen Sachtext zur Wirkungsweise von Musik. Daraufhin werden Statements einzelner junger Leute zu diesem Thema kursorisch sowie detailliert gehört. Es folgt ein Gespräch mit den Lernpartnern über deren musikalische Präferenzen. Den Abschluss bilden E-Mails zum gleichen Thema.

Abschnitt **C: „Gastfreundschaft aus dem Internet"**
Fertigkeiten: Lesen, Schreiben, Sprechen
Lernziel: Die TN lesen einen Sachtext sowie einen Blogeintrag zum Thema Couchsurfing. Sie äußern ihre persönliche Meinung und bewerten Couchsurfing schriftlich. Schließlich machen sie in einer Gruppendiskussion Vorschläge, reagieren auf die Ideen der anderen TN und finden einen Kompromiss.

Fokus Grammatik:
Pronomen im Kontext
Verben mit *sich* (Reflexivpronomen)

Einstiegsseite, S. 21

Hinweis zu den Einstiegsseiten im Unterricht:
Die Einstiegsseiten des Bandes *Ziel* B1+ Kursbuch bieten die Möglichkeit, in den Stoff der jeweiligen Lektion einzusteigen. Sie nehmen in der Regel wenig Zeit in Anspruch und haben das Ziel, die Vorkenntnisse der TN assoziativ zu aktivieren und die folgenden Seiten der Lektion thematisch zu situieren.
Sie bieten aber auch die Möglichkeit, sich gemeinsam über die Lernziele der jeweiligen Lektion zu verständigen und ev. auch Schwerpunkte zu vereinbaren.

Vorentlastung:
- Plenum:
Hängen Sie eine Karte der deutschsprachigen Länder in Ihrem Unterrichtsraum auf und versammeln sie die TN vor der Karte.
Fragen Sie die TN: „Von welchen Städten oder Regionen haben Sie schon einmal gehört?" „Welche Städte / Regionen kennen Sie?" „Waren Sie schon einmal dort?" „Was hat Ihnen gefallen / nicht gefallen?" „Gibt es etwas Besonderes oder Typisches dort?" „Wo würden Sie gern mal hinfahren?" „Wie heißen die Hauptstädte der D-A-CH-Länder?" „Was wissen Sie sonst noch über die deutschsprachigen Länder?"
Stecken Sie wenn möglich kleine Fähnchen an alle erwähnten Orte.

Hinweis zur Landeskunde:
Die beiden Fotos zeigen Mozarts Geburtshaus in Salzburg und das Riesenrad im Wiener Prater. Das Lösungswort *Spätzle* ist eine schwäbische Spezialität, die es aber in vielen Regionen gibt. Es sind kleine Nudeln. Zu ihrer Herstellung wird der Nudelteig (er enthält Ei/er), relativ flüssig in das siedende Wasser gegeben und gekocht. Serviert werden Spätzle mit Käse oder zu diversen Braten mit viel Soße. In anderen südlichen Regionen sind die Spätzle unter anderem Namen ebenfalls stark verbreitet: in der Schweiz werden sie Spätzli oder Chnöpfli genannt, in Österreich Nockerl. Als Fertigprodukt kann man sie aber mittlerweile im ganzen deutschen Sprachraum kaufen. Jedes Kind kennt und mag sie, oft einfach nur mit Soße.

Tipp:
Es macht immer Spaß, kleine Wettbewerbe oder Preisrätsel zu veranstalten. Hier bietet es sich an, allen, die das richtige Lösungswort finden, eine Mozartkugel zu geben.

- Plenum:
Besprechung der Aufgabe.
- Einzelarbeit:
Die TN lesen die Fragen.

CD 1.12: Die TN hören, kreuzen an und finden das Lösungswort.
- Plenum:
Lassen Sie sich das Lösungswort diktieren und schreiben Sie *Spätzle* an die Tafel. Fragen Sie die TN: „Was ist das?" „Haben Sie schon mal Spätzle gegessen?" „Kennen Sie andere Spezialitäten?" Wenn jemand möchte, kann er oder sie das Rezept für Spätzle suchen und für die anderen TN aufschreiben.

A Die liebsten Freizeitbeschäftigungen, S. 22

Hinweis: Immer wieder geht es in den Lektionen darum, Wortschatznetze, also Wortschatzgruppen, die thematisch zusammenhängen, zu wiederholen. Das ist in Vorbereitung auf die Kurse, die auf das Sprachstandsniveau B2 hinführen, wichtig, da es ab diesen Kursen vermehrt darum geht, dass die TN ihre Wortschatzkenntnisse erweitern, also immer wieder auf das schon Bekannte aufbauen.

A1 (detailliertes Lesen)
A1a
- Einzelarbeit:
Die TN lesen den Text und die Statistik ohne Wörterbuch.
- Plenum:
Klären Sie gemeinsam mit den TN die unbekannten Wörter. Wenn möglich benutzen die TN das Wörterbuch nur, wenn alle Erklärungen nicht helfen.

A1b
- Einzelarbeit:
Die TN machen Notizen.
- Kleingruppen:
Die TN unterhalten sich darüber, was sie am meisten erstaunt.

◁ **Arbeitsbuch, S. 22 / Übung 1:** Wortschatz (Freizeit) ▷

A2
A2a
- Einzelarbeit:
Die TN überlegen und kreuzen in Aufgabe A1a an. Dann schreiben sie die entsprechenden Aktivitäten in die passende Rubrik *am liebsten – gern – nicht so wichtig – am unwichtigsten*.

◁ **Arbeitsbuch, S. 23 + 24 / Übung 2:** Grammatik (Steigerung der Adjektive) Übung 2a im Unterricht als Grammatikwiederholung, 2b, 2c und 2d als Hausaufgabe oder zur Binnendifferenzierung, wenn manche TN sehr schnell arbeiten. ▷

◁ **Arbeitsbuch, S. 24 / Übung 3: Grammatik (Steigerung der Adjektive)** Übung 3a eignet sich für den Unterricht. Lassen Sie die TN die Sätze im Chor laut nachsprechen. So traut sich jeder mitzumachen und seine Stimme in geschützter Atmosphäre auszuprobieren. ▷

A2b (Sprechen: über Freizeitbeschäftigungen)
- Plenum:
Besprechen Sie die Aufgabe und lesen Sie mit den TN die Wendungen und Ausdrücke.
- Partnerarbeit:
Die TN sprechen über ihre Hobbys und Lieblingsbeschäftigungen.

◁ **Arbeitsbuch, S. 25 / Übung 4: Sätze bauen (über Lieblingsbeschäftigungen sprechen)** Nach der Aufgabe A2b im Kursbuch S. 22 dient diese Übung der Festigung von Ausdrucksweisen und Wendungen. ▷

Hinweis: Wenn es die Möglichkeit dazu gibt, können die TN eine der in A1a dargestellten Statistik entsprechende Statistik machen. Dazu erarbeiten sie einen Fragebogen, in dem die TN anderer Sprachkurse oder der Institution ankreuzen, was sie am liebsten machen. Die Auswertung können sie dann mit dem Ergebnis in A1a vergleichen.

B Sag mir, was du hörst ..., S. 23

B1
- Einzelarbeit:
Die TN lesen und kreuzen an.
- Plenum:
Die TN äußern ihre Vorlieben.

Tipp:
Wenn die TN sich bereits aus früheren Kursen kennen, bietet sich folgende Vorgehensweise an: die TN schreiben ihre Vorlieben auf kleine Zettel ohne Namen. Der KL sammelt diese verdeckt ein und liest die einzelnen Zettel vor. Die TN versuchen, je Zettel zu erraten, welcher TN sich dahinter verbirgt.

B2 (kursorisches Lesen)
Sprachlicher Hinweis:
Gänsehaut bekommt jemand, weil er oder sie friert. Die Haut reagiert also auf einen physikalischen Reiz. Allerdings können auch psychische Faktoren Gänsehaut auslösen. Im Allgemeinen spricht man bei Angst oder einem Schreck davon, dass jemand Gänsehaut bekommt. Ebenso kann aber auch das genaue Gegenteil, nämlich ein besonders positives Gefühl, Gänsehaut auslösen.
In dem Text spricht Professor Kopiez davon, wie Musik ein sehr starkes, positives Gefühl und damit Gänsehaut auslösen kann.

In der Umgangssprache bedienen sich die Sprecher immer häufiger des Wortes „Gänsehaut", um ein positives Erlebnis zu beschreiben oder auf den Bericht über ein positives Erlebnis zu reagieren.
- Einzelarbeit:
Die TN lesen den Text und kreuzen an.
- Plenum:
Besprechung der Lösungen.

Hinweise zur Landeskunde:
Reinhard Kopiez ist Professor für Musikpsychologie an der Hochschule für Musik, Theater und Medien in Hannover. Vorher war er als Professor an der Hochschule für Musik in Würzburg tätig und davor lehrte er in Berlin die Fächer Musikwissenschaft, Fachmethodik und Gitarre. Außerdem war er acht Jahre lang Konzertgitarrist.

B3 (kursorisches / detailliertes Hören)
- Plenum:
Besprechen Sie die Aufgabe mit den TN. Zuerst (B3a) hören die TN kursorisch, das heißt, sie erfassen die jeweiligen Hauptaussagen und kreuzen in der linken Spalte an. In Aufgabe b geht es um detailliertes Hören, die TN kreuzen in den rechten Spalten an. Aufgabe c testet noch einmal detailliert.
Hinweis: Erklären Sie den TN gegebenenfalls noch einmal den Unterschied zwischen den verschiedenen Hörstrategien. Weisen Sie auch noch einmal darauf hin, welchen Vorteil im (fremdsprachigen) Alltagsleben diese Strategien bieten und welchen Vorteil sie davon in Prüfungen haben.

B3a
- Einzelarbeit:
CD 1.13–1.16: Die TN hören alle vier Statements und kreuzen in der linken Spalte an.

B3b
- Einzelarbeit:
CD 1.13–1.16: Die TN hören die Statements noch einmal und kreuzen bei den einzelnen Personen an.
- Plenum:
Besprechung der Aufgabe.

B3c
- Partnerarbeit:
Die TN lösen die Aufgaben. Auf Nachfrage wird der Text noch einmal gehört.
Hinweis zur Binnendifferenzierung: Bei Bedarf, auch bei individuellem, können die Statements einzeln gehört werden, dafür sind sie mit einzelnen Tracknummern versehen.

◁ **Arbeitsbuch, S. 26 / Übung 5: Wortschatz (Musik)** Gut als Übung zur Binnendifferenzierung für schnellere TN und als Hausaufgabe. ▷

◁ **Arbeitsbuch, S. 27–30 / Übungen 6–10:
Grammatik (Pronomen)** Die Übungen 6a+b, 7a,
9a und 10 eignen sich für den Unterricht, weil die
TN eventuell extra Erklärungen brauchen. ▷

Organisatorischer Hinweis:
Spätestens an dieser Stelle bietet sich eine
Besprechung der Lerner-CD-ROM an. Im Idealfall
haben Sie die Möglichkeit, mit Ihren TN einen
Computerraum aufzusuchen und die Möglichkeiten
der CD-ROM explizit zu besprechen. In der Grammatikübersicht
gibt es kurze Beispiele zu den hier
behandelten Themen *Pronomen* und *Artikelwörter*.
Zeigen Sie den TN auch die anderen Möglichkeiten
zum selbstständigen Lernen und Üben wie den auf
der CD-ROM enthaltenen Lernwortschatz, die
Wendungen und Ausdrücke aus dem Kursbuch, das
Lerner-Portfolio und die Lösungen.

☐ **Box: Die Lerner-CD-ROM, S. 56** ☐

◁ **Arbeitsbuch, S. 30 / Übung 11: Grammatik:
Modalpartikel *eigentlich*** ▷
◁ **Arbeitsbuch, S. 31 / Übung 12: Sätze bauen
(über Musik sprechen)** Diese Übung eignet sich
sowohl als Vorbereitung für Aufgabe B4 im
Kursbuch oder auch als Vertiefung und Nachbereitung. ▷
◁ **Arbeitsbuch, S. 31 + 32 / Übung 13: Texte
bauen (über Musik sprechen und schreiben)** Gut
geeignet als Hausaufgabe. ▷

B4 (Sprechen)
B4a
■ Partnerarbeit:
Die TN fragen einander und notieren die Antworten in
Stichpunkten.

B4b
■ Kleingruppen:
Je nach Kursgröße wird der Kurs geteilt oder in noch
kleinere Einheiten aufgeteilt. In jeder Gruppe sollten
sich mindestens zwei Paare aus Aufgabe B4a befinden.
Die TN sprechen über ihre Interviewpartner aus
Aufgabe B4a.
Hinweis: Hier geht es nicht darum, besonders originelle
Antworten zu finden, sondern darum, auf Fragen
angemessen zu antworten (also das Gelernte anzuwenden).
Diese Anwendung wird in der folgenden
Aufgabe variiert.

☐ **Box: Notizen machen, S. 67** ☐

B5
Hinweis: Am besten wäre es, wenn die TN tatsächlich
die Möglichkeit wahrnehmen würden, die
beschriebene Musik anzuhören oder auszutauschen.

B5a (eine E-Mail Schreiben)
Tipp:
Den TN fällt das Schreiben der E-Mail leichter, wenn
sie die Übung 13 im Arbeitsbuch S. 31 bereits vorher
gemacht haben.

■ Einzelarbeit:
Die TN schreiben eine E-Mail über ihre Lieblingsmusik.
■ Plenum:
Hängen Sie die E-Mails an eine Pinnwand, sodass alle
TN diese lesen können.

B5b (kursorisches / detailliertes Lesen)
■ Einzelarbeit:
Die TN gehen zur Pinnwand, lesen die E-Mails und
antworten auf eine oder mehrere E-Mails. In dem
Antwortschreiben bieten die TN ihre Musik (in Form
von CDs oder in Form von Downloads) an. Die
Antwortschreiben werden zu den passenden E-Mails
an die Pinnwand geheftet.

B5c (Schreiben: auf eine E-Mail antworten)
■ Einzelarbeit:
Die TN reagieren wiederum per E-Mail oder in einem
Gespräch auf die Angebote aus B5b.

Fokus Grammatik: Pronomen im Kontext, S. 25

Hinweis: Das Erlernen von Pronomen bereitet den
TN – je nachdem aus welchen muttersprachlichen
Kontexten sie kommen – größere Schwierigkeiten.
Sie müssen sie zum einen von den Artikelwörtern
unterscheiden lernen, zum anderen müssen sie sich
darüber im Klaren sein, dass wir sie im Deutschen
immer benötigen, oftmals auch in Ausdrücken oder
in Sätzen, in denen die TN sie in ihrer Muttersprache
nicht verwenden müssen.

Aufgabe 1
■ Einzelarbeit:
CD 1.17: Die TN hören und lesen den Text.
■ Plenum:
Je zwei TN lesen den Dialog noch einmal. Ein dritter
TN liest den Begleittext jeweils nach dem senkrechten
Strich. Stellen Sie sicher, dass die TN die Grammatik-Begriffe
verstehen.

Hinweis: Im Sinne eines Brückenlehrwerks zwischen
der Niveaustufe B1 (hier endet in der traditionellen
Einteilung die Grundstufe) und der Niveaustufe B2
(hier begann in der traditionellen Einteilung die
Mittelstufe oder die Fortgeschrittenenstufe) geht es
auch darum, zu lernen, dass man bei der Betrachtung
von Grammatik zunehmend auch mit grammatischen
Begriffen operiert.

Aufgabe 2
- Einzelarbeit:
Die TN markieren die Personalpronomen.
- Plenum:
Besprechung der Aufgabe. Wiederholen sie gegebenenfalls die Personalpronomen im Nominativ, Akkusativ und Dativ. Schreiben Sie diese an die Tafel. Diese Wiederholung sollte sehr kurz gehalten werden, da es sich um Themen der Niveaus A1 / A2 handelt.

Aufgabe 3
- Einzelarbeit:
CD 1.18: Die TN hören und lesen mit. Anschließend markieren sie die Demonstrativpronomen.
- Partnerarbeit:
Die TN vergleichen ihre Markierungen mit der Lösung auf S. 102 im Kursbuch. Dann lesen sie die Sätze abwechselnd laut.

Aufgabe 4
- Plenum:
Hinweis: Weisen Sie noch einmal auf den Unterschied zwischen Artikel (steht vor einem Nomen) und Pronomen (steht allein, ohne ein Nomen – es ersetzt ein Nomen, daher der lateinische Name *Pro*nomen, zu Deutsch: *für* ein Nomen) hin. Wiederholen Sie die formalen Unterschiede: *mein Rucksack – meiner, mein Buch – meins*.
- Einzelarbeit:
Die TN lesen die Sätze und suchen die Possessivpronomen.

Aufgabe 5
5a
- Einzelarbeit:
Die TN lesen die Sätze und markieren die Indefinitpronomen.
5b
- Einzelarbeit:
Die TN lesen die Sätze.
- Plenum:
Klärung der Bedeutung von *alle*, *einige* und *manche*. Für die Übersetzung tauschen sich die TN mit gleicher Muttersprache aus.
5c
- Plenum:
Weisen Sie die TN darauf hin, dass sie das Wort *man* möglicherweise nicht direkt in ihre Muttersprache übersetzen können. Sie müssen sich wahrscheinlich mit einer Umschreibung behelfen. Versuchen Sie im Unterricht noch einmal zu umschreiben, was *man* im Deutschen ausdrückt bzw. wann man es verwendet.

☐ Box: Übersetzen im Fremdsprachenunterricht, S. 68 ☐

C Gastfreundschaft aus dem Internet, S. 26

C1
- Plenum:
Besprechen Sie die Aufgabe, klären Sie die Begriffe oder Wendungen und lassen Sie den Text in der Sprechblase vorlesen.
- Partnerarbeit:
Die TN sprechen darüber, wo sie auf Reisen gern übernachten.

◁ Arbeitsbuch, S. 32 / **Übung 14:** Wortschatz (übernachten auf Reisen) ▷
◁ Arbeitsbuch, S. 33 / **Übung 15:** Sätze bauen (über Vorlieben sprechen – Übernachtungen)
Diese Übung eignet sich gut als kurze Schreibübung im Unterricht anschließend an Aufgabe C1 im Kursbuch, S. 26. ▷

☐ Box: Schreibaufgaben im Unterricht, S. 66 ☐

C2 (Lesen)
C2a
- Kleingruppen:
Die TN lesen die Eingangsfragen, betrachten die Fotos und lesen die Sprechblasen. Dann äußern sie ihre Vermutungen.
- Plenum:
Um die Vermutungen zusammenzufassen, bitten Sie die TN, die Halbsätze unter den Fotos zu vervollständigen. Auf diese Weise äußern die TN ihre Vermutungen und üben gleichzeitig die richtige Verwendung der Ausdrücke und Wendungen. Notieren Sie die Vermutungen in Stichpunkten an der Tafel.

C2b
- Einzelarbeit:
Die TN lesen den Text auf S. 93 im Kursbuch und lösen die Aufgaben a bis c.
Hinweis zur Kursorganisation:
Die Aufgaben C2a und C2b sollten direkt aufeinander folgen. Falls die Zeit fürs Lesen im Unterricht nicht mehr reicht, kann der Lesetext auch als Hausaufgabe gegeben werden. Falls die TN unterschiedlich schnell lesen und die Aufgaben bearbeiten, weisen Sie die schnelleren TN auf noch nicht erledigte Übungen im Arbeitsbuch hin, die sie in der Zwischenzeit machen können.
- Plenum:
Die TN vergleichen die Lösungen der Aufgaben. Die TN sprechen darüber, welche persönlichen Angaben sie selbst machen würden (Aufgabe c). Außerdem erläutern sie den Unterschied zwischen den Vermutungen in Aufgabe C2a und dem jetzigen Verständnis von Couchsurfing (Aufgabe d).

◁ **Arbeitsbuch, S. 33 + 34 / Übung 16:** Sätze bauen (Vermutungen und Erfahrungen äußern) Diese Übung empfiehlt sich als Hausaufgabe. ▷

C3 (kursorisches Lesen)

Hinweise zur Landeskunde:
Der kleine Schweizer Ort *Bad Zurzach* (ca. 4000 Einwohner) liegt direkt am Rhein, an der deutschschweizer Grenze, auf halbem Weg zwischen Basel und dem Bodensee.
Im deutschen Sprachraum ist es allgemein üblich, dass die Abiturienten vor den Abiturprüfungen eine **Facharbeit/Maturaarbeit** schreiben.

- **Plenum:**
Fragen Sie die TN, was eine *Maturaarbeit* sein könnte. Matura ist das in der Schweiz und Österreich gebräuchliche Wort für *Abitur*.
- **Einzelarbeit:**
Die TN lesen den Blogeintrag und lösen die Aufgaben.
- **Partnerarbeit:**
Die TN kontrollieren die Aufgaben und versuchen gemeinsam, die Textstellen zu klären, bei denen sie Verständnisprobleme hatten.
- **Plenum:**
Kontrolle der Aufgaben. Besprechung der für die TN schwierigeren Textstellen.
Hinweis: In diesem Zusammenhang lohnt es sich, den TN noch einmal bewusst zu machen, dass es nicht nur in der Aussprache Unterschiede im deutschen Sprachraum gibt, sondern auch im Wortschatz. Dabei ist aber wichtig, dass die hochdeutschen Varianten in der Regel von allen verstanden werden. Kommt man in die Situation, dass man zum Beispiel bei den Wörtern für Lebensmittel bestimmte Wörter nicht versteht, sollte man einfach nachfragen. Je nachdem, wo sie unterrichten, bietet es sich an, hier unterschiedliche Wörter und Begriffe zu sammeln.

◁ **Arbeitsbuch, S. 34 + 35 / Übung 17:** Grammatik (Verben mit *sich* – reflexive Verben) Diese Aufgabe eignet sich für den Unterricht. ▷

C4

C4a
- **Einzelarbeit:**
Die TN machen Notizen zu den Vor- und Nachteilen von Couchsurfing. Weisen Sie die TN ausdrücklich darauf hin, dass keine kompletten Sätze sondern lediglich Stichpunkte notiert werden sollen.

C4b
- **Partnerarbeit:**
- Die TN besprechen ihre Listen, diskutieren darüber und ergänzen gegebenenfalls.

C4c (Schreiben: auf einen Blogeintrag reagieren).
- **Einzelarbeit oder Partnerarbeit:**
Je nach Wunsch der TN reagieren sie auf den Blog gemeinsam oder allein.

◁ **Arbeitsbuch, S. 35 / Übung 18:** Sätze bauen (etwas bewerten) ▷
◁ **Arbeitsbuch, S. 35 / Übungen 19 + 20:** Texte bauen (einen Kommentar schreiben / etwas bewerten) ▷

C5

C5a (Sprechen: gemeinsam eine Reise planen)
- **Plenum:**
Besprechen Sie die Aufgabe inklusive der vorgeschlagenen Ausdrücke und Wendungen. Wenn Ihre TN prüfungsorientiert arbeiten, können Sie sie darauf hinweisen, dass diese Art von Diskussionen Bestandteil fast aller mündlichen B1- und B2-Prüfungen sind. Deshalb ist die hier ausführlich trainierte Methode des Notizenmachens (Arbeitsbuch, S. 96) auch sehr wichtig.

☐ **Box: Prüfungen auf Niveau B1, S. 69** (mündlicher Ausdruck) ☐

- **Einzelarbeit:**
Bereits vor der Einteilung in Vierergruppen notieren die TN ihre Vorstellungen anhand des Leitfadens auf S. 96.
- **Kleingruppen:**
Die TN diskutieren und finden einen Kompromiss.

C5b (Sprechen: Ergebnisse vorstellen)
- **Plenum:**
Ein oder mehrere TN je Gruppe tragen ihre Ergebnisse vor.

☐ **Box: Auswertung von Gruppenarbeit, S. 65** ☐
☐ **Box: Unterrichtsbeiträge** – wie bringt man schüchterne TN zum Reden? S. 66 ☐

◁ **Arbeitsbuch, S. 36 / Übung 21:** Wortschatz (Reisen) ▷
◁ **Arbeitsbuch, S. 37 / Übung 22:** Sätze bauen (ein Ergebnis präsentieren) ▷
◁ **Arbeitsbuch, S. 38 / Übungen 24 + 25:** Texte bauen (ein Ergebnis präsentieren) ▷

Fokus Grammatik: Verben mit *sich* (Reflexivpronomen), S. 29

Hinweis: Machen Sie den TN deutlich, dass die Verwendung von *sich*, also des sogenannten Reflexivpronomens mit Logik wenig zu tun hat. Man sollte sich davon, dass viele der Verben, die die TN auf den Niveaustufen A2/B1 lernen, so eine Logik suggerieren, nicht irreleiten lassen. Spätestens im Unterricht zum Zielniveau B2 treffen die TN auf Verben, die sich in keinster Weise logisch erklären lassen (*sich verlassen auf, sich befinden in* usw.) Auch lässt sich die „Logik" bei der Übertragung in die Muttersprache selten analog feststellen.

Aufgabe 1
1a, 1b
- Plenum:

Besprechen Sie mit den TN das Phänomen der unterschiedlichen Bedeutungen (1a). Die TN übersetzen die jeweilige Bedeutung in ihre Muttersprache.

1c
- Einzelarbeit:

Die TN ergänzen und vergleichen mit den Lösungen auf S. 102.
- Plenum:

Besprechung der Aufgabe.

Aufgabe 2
- Plenum:

Lesen Sie mit den TN den Eingangstext mit der Aufgabenstellung.
- Einzelarbeit:

Die TN ergänzen die entsprechenden Formen.
CD 1.19: Die TN hören, lesen und korrigieren.
- Plenum:

Besprechung der Zweifelsfälle und Unklarheiten.

Arbeitsbuch, „Darüber hinaus"

Hinweis: Der Arbeitsbuchteil „Darüber hinaus" schließt sich an jede Lektion an und beinhaltet jeweils eine Übung zur Phonetik sowie Übungen zu den B1-Prüfungen. Beide Aufgabentypen eignen sich für zuhause.

◁ **Arbeitsbuch, S. 38 / Übung 26:** Phonetik (Satzakzent, Betonung von Steigerungsformen) ▷
◁ **Arbeitsbuch, S. 39 / Übung 27:** Übungen zu Prüfungen (mündlicher Ausdruck) ▷
◁ **Arbeitsbuch, S. 39 / Übung 28:** Übungen zu Prüfungen (Lückentext: Grammatik) ▷

Lektion 3   Mal was anderes!

Worum geht es in der Lektion?

Abschnitt **A: „Glück in der Ferne"**
Fertigkeiten: Hören, Sprechen
Lernziel: Die TN sprechen über Gründe für das Verlassen der Heimat und hören eine Radiosendung zum Thema. In einem Rollenspiel entscheiden sie sich für ein Auslandspraktikum und begründen ihre Entscheidung mündlich. Die TN können über Wünsche und Pläne sprechen und diese begründen. Außerdem drücken sie Absichten korrekt in Finalsätzen aus.

Abschnitt **B: „Mit anderen Augen"**
Fertigkeiten: Lesen, Sprechen
Lernziel: Ein Zeitungsartikel über ausländische Korrespondenten in Berlin wird gelesen, die TN finden die wichtigsten Informationen anhand von Leitfragen und stellen die Personen mündlich vor. Sie sprechen auch über Gründe für oder gegen einen Beruf als Auslandskorrespondent.

Abschnitt **C: „In Sachen Mode"**
Fertigkeiten: Lesen, Schreiben
Lernziel: Wortschatz zum Thema *Kleidung* wird wiederholt und erweitert, Gefallen und Nichtgefallen geäußert. Die TN lesen einen Forumsbeitrag, geben Tipps und machen Vorschläge. Dafür üben sie die entsprechenden Modalpartikeln und die Verbform *sollte*.

Fokus Grammatik:
Grund / Ursache und Ziel / Zweck ausdrücken
Vorschläge mit *sollte*

Einstiegsseite, S. 31

Hinweis zu den Einstiegsseiten im Unterricht:
Die Einstiegsseiten des Bandes *Ziel* B1+ Kursbuch bieten die Möglichkeit, in den Stoff der jeweiligen Lektion einzusteigen. Sie nehmen in der Regel wenig Zeit in Anspruch und haben das Ziel, die Vorkenntnisse der TN assoziativ zu aktivieren und die folgenden Seiten der Lektion thematisch zu situieren. Sie bieten aber auch die Möglichkeit, sich gemeinsam über die Lernziele der jeweiligen Lektion zu verständigen und ev. auch Schwerpunkte zu vereinbaren.

Vorentlastung:
▪ Kleingruppen:
Die TN betrachten die Fotos und beschreiben, was sie darauf sehen. Vielleicht kann jemand den Text auf Foto F lesen?
Anmerkungen zu den Fotos:
Foto B: Der *Vilsalpsee* liegt auf 1160m Höhe in Westösterreich (Tirol) und gehört zur Urlaubsregion *Tannheimer Tal*.
Foto E: Ein so genannter Kitesurfer. Er steht auf einem Brett oder *Board* und nutzt mit seinem Lenkdrachen *(Kite)* die Windkraft aus.
Foto F: Sanskrit

Aufgabe 1
▪ Einzelarbeit:
Die TN lesen die Fragen und ordnen die Fotos zu.
▪ Plenum:
Die TN berichten über ihre Zuordnung.
Hinweis: Die Zuordnung ist nicht immer eindeutig. Auch gibt es sieben Angebote zu sechs Fotos. Wünschenswert wäre es deshalb, dass die TN ihre Entscheidungen vergleichen und begründen.

Aufgabe 2
▪ Einzelarbeit:
Die TN überlegen kurz, was sie gern machen würden.
▪ Plenum:
Die TN berichten von ihren Wünschen. Achten Sie darauf, dass möglichst oft die Strukturen *„Ich würde gern mal ..."* / *„Ich möchte gern mal ..."* benutzt werden.

A Glück in der Ferne, S. 32

A1 (Sprechen: Vermutungen äußern, über Gründe sprechen)
▪ Plenum:
Fragen Sie die TN, was auf dem Foto abgebildet sein könnte (ein Mini-Globus, eine Mini-Weltkugel).
Schreiben Sie in die Mitte der Tafel: *Warum verlassen Menschen ihre Heimat?*
Malen Sie einen Kreis um den Satz. Bitten Sie die TN Gründe zu nennen und schreiben Sie diese in Stichpunkten als Assoziogramm um den Fragesatz. Wenn keine Ideen mehr kommen, bitten Sie die TN, die im Assoziogramm notierten Stichpunkte als Sätze mit *weil* oder auch *wegen* zu formulieren.
Hinweis: Gegebenenfalls bietet es sich an, zu erwähnen, dass es sich hier um Menschen des deutschen Sprachraums handelt. Warum also Menschen ihre Heimat Deutschland / Österreich oder die Schweiz verlassen.

Hinweis zur Grammatik:
Schon daran, wie die TN ihre Antworten formulieren, können Sie erkennen, ob sie an dieser Stelle nur die *weil*-Sätze und die Präposition *wegen* wiederholen müssen, oder ob es sinnvoller ist, die Fokus-Grammatik-Seite vorzuziehen. Wenn die TN sehr unsicher sind, wäre ein Vorziehen der Fokus-Grammatik-Seite sehr zu empfehlen. Für die Begründung sind eigentlich die Wörter *weil* und *deshalb* am wichtigsten, *nämlich* wird nicht so oft verwendet, *denn* ist in der gesprochenen Sprache auch nicht so frequent, auch wenn es von der Wortstellung her am einfachsten ist. Dafür gibt es stilistische Gründe, die aber auf diesem Niveau nicht von Bedeutung sind.

☐ Box: Ideensammlung mithilfe von „Brainstorming" und „Assoziogramm", S. 66 ☐

◁ **Arbeitsbuch, S. 40 + 41 / Übungen 1–3:** Grammatik (kausale Angaben mit *weil*, *denn*, *wegen*) ▷
◁ **Arbeitsbuch, S. 42 / Übung 4:** Sätze bauen (Vermutungen über Gründe äußern) Diese Übung eignet sich gut als Partnerübung im Unterricht. ▷

A2 (kursorisches Hören)
A2a
▪ Einzelarbeit:
Die TN betrachten die Fotos.
🔘 CD 1.20–25: Die TN hören und ordnen zu.

A2b
▪ Einzelarbeit:
Die TN lesen die Sätze 1–5.
🔘 CD 1.21–25: Die TN hören noch einmal und kreuzen an.

A2c
▪ Partnerarbeit:
Die TN korrigieren die falschen Sätze aus Aufgabe A2b.
▪ Plenum:
Vergleich der Lösungen.

A2d
▪ Einzelarbeit:
Die TN lesen die Aufgabe und die Sätze 1–10.

🔊 **CD 1.21– 25:** Die TN hören die Aussagen noch einmal und ordnen zu.
■ Plenum:
Lösungsvergleich im Kurs.

A3 (Sprechen: über Ziele sprechen)
Hinweis zum Sprachgebrauch:
Sprechen Sie mit den TN über den Unterschied zwischen Gründen (ausgedrückt durch *weil, wegen*) und Zielen (ausgedrückt durch Sätze mit *damit* beziehungsweise *um zu* (nur bei gleichem Subjekt möglich). Diese Unterscheidung ist für die TN oft schwierig. Die kürzeste und vielleicht einfachste Erklärung ist die, dass es darauf ankommt, was die Personen jeweils mitteilen möchten. Man könnte sagen: *„Die Menschen wandern aus, um ein neues Leben zu beginnen"*, macht das Ziel ihrer Handlung deutlich. *„Die Menschen wandern aus, weil sie in ihrem Heimatland keine Chance mehr haben"* macht deutlich, was der Grund war. Es kann natürlich auch vorkommen, dass das, was für den einen das Ziel ist, für den anderen den Grund darstellt. *Die Menschen wandern aus, weil sie ein neues Leben beginnen wollen.* Das heißt, man kann auch mit *weil ... wollen* eine Absicht, ein Ziel ausdrücken. Aber das wird erst in Ziel B2, Band 1, Lektion 4 thematisiert. Nur wenn die TN danach fragen, sollten sie darauf eingehen.

■ Plenum:
Lesen Sie mit den TN die Aufgabenstellung und die angegebenen Sätze sowie die Beispielsätze in Blau. Fragen Sie die TN, ob sie noch andere Ziele kennen. Notieren Sie diese an der Tafel.
■ Partnerarbeit:
Die TN formulieren Sätze mit *damit* oder *um zu*.

◁ **Arbeitsbuch, S. 42 + 43 / Übungen 5–7: Grammatik (finale Angaben)** ▷

A4 (detailliertes Lesen, Sprechen)
■ Plenum:
Teilen Sie den Kurs in Dreiergruppen ein und besprechen Sie die Aufgabe. Falls sich ihre Gruppe nicht durch drei teilen lässt, bilden die restlichen TN Zweiergruppen.

Hinweis zur Landeskunde:
SOS-Kinderdorf: 1949 gründete Hermann Gmeiner in Österreich (Imst / Tirol) das erste SOS Kinderdorf für eltern- und heimatlos gewordene Kinder und Jugendliche. Den Kindern soll eine stabile Ersatzfamilie geboten werden mit einer festen Bezugsperson, der Kinderdorf-Mutter und mehreren Kinderdorf-Geschwistern. Diese „Familien" leben jeweils in einem Haus und bilden zusammen mit anderen „Familien" das SOS-Kinderdorf. Gmeiner, der seine eigene Mutter mit 9 Jahren verlor und von einer älteren Schwester zusammen mit seinen Geschwistern aufgezogen wurde, hatte den Wunsch, Kindern weltweit ein menschenwürdiges Aufwachsen in Geborgenheit zu ermöglichen. Bis heute wird diese Idee weitergeführt und ausgebaut. Weltweit gibt es unzählige Kinderdörfer aber auch andere Projekte wie Jugendhäuser, Schulen, Kindergärten, Berufsbildungszentren, medizinische und soziale Zentren für notleidende Familien.
WindEnergie e.V.: Der Bundesverband WindEnergie e.V. wurde 1996 gegründet und setzt sich für den Ausbau der Windenergie in Deutschland ein. Deshalb leistet der Verein Lobbyarbeit auf politischer Ebene sowie Presse- und Öffentlichkeitsarbeit für die Windbranche. Darüber hinaus werden Kongresse, Diskussionsrunden, Demonstrationen etc. organisiert, um die Idee der Windenergie zu verbreiten. Auch Fachstudien werden veröffentlicht.

■ Kleingruppen:
Die TN lesen gemeinsam die Rollenkarten auf S. 33 im Kursbuch und entscheiden sich für je eine bestimmte Rolle.
■ Einzelarbeit:
Die TN lesen den für sie passenden Text auf den Seiten 92, 97 oder 99.
■ Kleingruppen:
Die TN führen kurze Monologe über „ihr" Praktikum und begründen ihre Entscheidung. Achten Sie darauf, dass die TN sowohl Sätze mit *weil, wegen, (denn)* als auch Sätze mit *um zu* oder *damit* formulieren.

B Mit anderen Augen, S. 34

B1
B1a (Sprechen: Vermutungen äußern)
■ Einzelarbeit / Plenum:
Die TN betrachten die Fotos und kreuzen an. Vergleich der Vermutungen im Plenum.

B1b (kursorisches Lesen)
■ Einzelarbeit:
Die TN lesen die beiden Texte zügig. Erklären Sie den TN, dass es nur darum geht, die Vermutungen in Aufgabe B1a zu verifizieren. Geben Sie den TN ein Zeitlimit, um schnelles Lesen zu trainieren.
■ Plenum:
Die TN sprechen über den wahren Beruf der beiden Personen. Fragen Sie die TN, ob sie überrascht sind oder nicht.

B2
B2a (selektives Lesen)
■ Plenum:
Teilen Sie den Kurs in zwei Gruppen A und B oder weisen Sie den TN den Buchstaben A oder B zu.

■ Einzelarbeit:
Die TN lesen den jeweiligen Text selektiv und notieren die Antworten auf die in B2a formulierten Fragen in Stichpunkten.

B2b (Sprechen: eine Person vorstellen)
■ Partnerarbeit:
Jeweils ein TN der Gruppe A und ein TN der Gruppe B finden zusammen und stellen die von ihnen bearbeitete Person vor.

B3
B3a
■ Partnerarbeit:
In derselben Zusammensetzung wie bei Aufgabe A2b lesen die TN die Argumente und kreuzen an.
■ Plenum:
Kontrolle der Lösungen.

B3b (Sprechen: sagen, warum man etwas macht oder nicht)
■ Einzelarbeit:
Geben Sie den TN kurz Zeit, um die Aufgabe zu lesen, sich Gedanken und eventuell Notizen zu machen.
■ Plenum:
Die TN erklären, ob sie das Angebot annehmen.
Hinweis zum Sprachgebrauch: Die Verwendung von *doch* im Sinne des Widerspruchs haben die TN schon auf dem Niveau A1 gelernt. Trotzdem bietet es sich hier vielleicht an, dies zu wiederholen

◁ Arbeitsbuch, S. 43 + 44 / **Übungen 8–10:** Grammatik (Kausalsätze) ▷

Fokus Grammatik: Grund / Ursache und Ziel / Zweck ausdrücken, S. 36

Aufgabe 1
Tipp:
Falls Sie bei Aufgabe A3 (Kursbuch, S. 33) die Unterscheidung *Grund* im Gegensatz zu *Ziel* noch nicht thematisiert haben, bietet es sich an dieser Stelle an.
■ Einzelarbeit:
Die TN lesen und notieren ihre Entscheidung für *G* oder *Z*.
■ Plenum:
Kontrolle und Besprechung der Lösungen.

Aufgabe 2a und 2b
Hinweis: Anhand dieser Aufgabe sehen Sie, ob die TN das Thema verstanden haben und wo es eventuell noch Probleme gibt.
■ Einzelarbeit:
Die TN lesen und lösen die Aufgabe.

■ Plenum:
Besprechung der Lösungen.

Aufgabe 3
■ Einzelarbeit:
Die TN schreiben die Sätze.
■ Partnerarbeit:
Die TN vergleichen ihre Lösungen miteinander und mit den Lösungen im Kursbuch auf S. 102.

C In Sachen Mode, S. 37

C1
C1a
■ Einzelarbeit:
Die TN lesen und kreuzen an.
■ Plenum:
Die TN vergleichen und diskutieren über ihre Entscheidungen.

C1b (Sprechen: über Gefallen / Nichtgefallen)
■ Plenum:
Besprechen Sie die Aufgabe mit den TN. Lesen Sie mit den TN die Adjektive unter den Fotos sowie die beiden Sprechblasen und die angegebenen Wendungen und Ausdrücke.
■ Einzelarbeit:
Die TN betrachten die Fotos und bilden sich eine Meinung.
■ Kleingruppen:
Die TN sprechen über ihre Vorlieben. Dabei benutzen sie auch die angegebenen Wendungen und Ausdrücke.

◁ Arbeitsbuch, S. 45 + 46 / **Übungen 11–13:** Wortschatz (Mode und Kleidung) ▷
◁ Arbeitsbuch, S. 46 / **Übung 14:** Sätze bauen (Gefallen / Nichtgefallen äußern) ▷

C2
C2a (kursorisches / detailliertes Lesen)
■ Einzelarbeit:
Die TN lesen den Text und notieren in Stichpunkten die Antworten in die jeweilige Spalte.
■ Plenum:
Die TN vergleichen ihre Lösungen. Schreiben Sie die Tabelle an die Tafel und notieren Sie die von den TN genannten Lösungen.

C2b (Sprechen: Vermutungen äußern)
■ Plenum:
Lesen Sie mit den TN die Aufgabe und die Sprechblasen.
■ Partnerarbeit:
Die TN betrachten die Fotos auf S. 37 und diskutieren. Schließlich einigen sie sich.

C2c
- Partnerarbeit:
Die TN lesen die Tipps und kreuzen gemeinsam an. Vielleicht finden sie weitere Tipps.

C2d (Sprechen: Vorschläge formulieren)
- Partnerarbeit:
Die TN formulieren ihre Vorschläge. Weisen Sie die TN auf die Wendungen und Ausdrücke hin.
- Plenum:
Die TN wiederholen ihre Tipps. Achten Sie darauf, dass die vorgeschlagenen Wendungen und Ausdrücke verwendet werden.

◁ **Arbeitsbuch, S. 46 Übung 15: Grammatik (Vorschläge mit *sollte*)** Machen Sie diese Aufgabe im Unterricht und erklären Sie bei Bedarf den Unterschied: Das Verb *sollen* im Präsens wird verwendet, wenn von einer Person etwas gewünscht oder verlangt wird. Der Konjunktiv *sollte* wird für eine Empfehlung oder einen Vorschlag benutzt.
Tipp: Sollten die TN mit diesem Thema Probleme haben, ziehen Sie die Aufgabe 1 des Fokus Grammatik auf S. 39 vor. ▷

◁ **Arbeitsbuch, S. 47 / Übung 16: Grammatik (Vorschläge mit *sollte*), Anwendungsaufgabe** ▷

◁ **Arbeitsbuch, S. 47 / Übung 17: Grammatik (Vorschläge mit *doch*, *einfach*, *vielleicht*)** Gut geeignet für den Unterricht. ▷

◁ **Arbeitsbuch, S. 48 / Übung 18: Sätze bauen (einen Rat geben, Vorschläge machen)** Als Hausaufgabe schriftlich erledigen lassen, in der folgenden Unterrichtseinheit simulieren die TN in Partnerarbeit ein Telefongespräch und formulieren ihre Vorschläge und Ratschläge mündlich, ohne ihre schriftlich formulierten Sätze vorzulesen. ▷

C3 (Schreiben: einen Forumsbeitrag)
- Plenum:
Besprechen Sie mit den TN die Aufgabe. Lesen Sie gemeinsam mit den TN die Hinweise. Hier lernen sie strukturiertes Vorgehen bei schriftlichen Beiträgen.
- Einzelarbeit:
Die TN schreiben ihren Text mithilfe der Hinweise.
- Partnerarbeit:
Jeweils zwei TN finden sich zusammen und tauschen ihre Texte aus. Sie markieren gelungene Textstellen und unterstreichen unverständliche Passagen.
Hinweis zur Kursorganisation:
Lassen Sie die TN je nach Geschwindigkeit zusammenarbeiten. Wer seinen Forumsbeitrag geschrieben hat, findet einen Kurskollegen, der ebenfalls bereits fertig ist. Die schnelleren TN sind dann schon in der Partnerarbeit beschäftigt, während die langsameren die nötige Ruhe zum Schreiben haben.

◁ **Arbeitsbuch, S. 48 + 49 / Übungen 19 + 20: Texte bauen (Forumsbeitrag)** Als Hausaufgabe. ▷

Fokus Grammatik: Vorschläge mit *sollte*, S. 39

Aufgabe 1
1a + 1b
- Einzelarbeit:
Die TN erledigen die Aufgabe zunächst selbstständig.
- Plenum:
Vergleich der Lösungen und Besprechung der Aufgaben.

Aufgabe 2
2a
- Einzelarbeit:
CD 1.26: Die TN hören die Sätze am besten bei geschlossenen Büchern.
- Partnerarbeit:
Die TN lesen die Sätze einander laut vor, einmal mit und einmal ohne die gelb markierten Modalpartikeln.

2b
- Partnerarbeit:
Die TN lesen und kreuzen an.

2c
- Partnerarbeit:
Die TN formulieren Vorschläge mit *sollte* und verwenden dabei die Modalpartikeln *doch*, *einfach*, *vielleicht*, *(ein)mal*.
- Plenum:
Einzelne TN tragen ihre Varianten vor, die anderen TN entscheiden, ob das gut beziehungsweise authentisch klingt oder nicht.

Arbeitsbuch, „Darüber hinaus"

Hinweis: Der Arbeitsbuchteil „Darüber hinaus" schließt sich an jede Lektion an und beinhaltet jeweils eine Übung zur Phonetik sowie Übungen zu den B1-Prüfungen. Beide Aufgabentypen eignen sich für zuhause.

◁ **Arbeitsbuch, S. 49 / Übung 21: Phonetik (Satzakzent in Satzverbindungen)** ▷
◁ **Arbeitsbuch, S. 50 / Übung 22: Übungen zu Prüfungen (Leseverstehen)** ▷
◁ **Arbeitsbuch, S. 51 / Übung 23: Übungen zu Prüfungen (Leseverstehen)** ▷

Lektion 4 — So war's

Worum geht es in der Lektion?

Abschnitt A: „Mein erster Tag"
Fertigkeiten: Hören, Lesen, Sprechen
Lernziel: Die TN hören und lesen Berichte über den ersten Schultag. Anschließend berichten die TN über ihren eigenen ersten Schultag. Im Arbeitsbuch werden die Gegenwarts- und Vergangenheitsformen sowie deren Verwendung thematisiert.

Abschnitt B: „Nur geträumt?"
Fertigkeiten: Lesen, Schreiben
Lernziel: Die TN lesen Texte aus Internetforen über das Thema Träume und Traumdeutung. Ein eigener Forumsbeitrag wird geschrieben. Dabei werden die temporalen Angaben mit Adverbien geübt.

Abschnitt C: „Abendpost – Nachrichten aus der Region"
Fertigkeiten: Lesen, Schreiben
Lernziel: Die TN lesen Zeitungstexte mit Lokalnachrichten sowie Kommentare in Form von kurzen Interneteinträgen. Abschließend schreiben sie selbst einen Kommentar zu einem der Texte.

Abschnitt D: „Zwei Menschen – zwei Ereignisse"
Fertigkeiten: Hören, Sprechen
Lernziel: Die TN stellen Vermutungen über zwei Personen an. Anschließend hören sie eine Radiosendung. Dort erzählen diese beiden Personen von ihrem aufregendsten Augenblick im Leben. Die TN erzählen dann selbst eine Geschichte.

Fokus Grammatik:
Gegenwart und Vergangenheit
Zeitangaben

Einstiegsseite, S. 41

Hinweis zu den Einstiegsseiten im Unterricht
Die Einstiegsseiten des Bandes *Ziel* B1+ Kursbuch bieten die Möglichkeit, in den Stoff der jeweiligen Lektion einzusteigen. Sie nehmen in der Regel wenig Zeit in Anspruch und haben das Ziel, die Vorkenntnisse der TN assoziativ zu aktivieren und die folgenden Seiten der Lektion thematisch zu situieren. Sie bieten aber auch die Möglichkeit, sich gemeinsam über die Lernziele der jeweiligen Lektion zu verständigen und ev. auch Schwerpunkte zu vereinbaren.

Aufgabe 1
- Plenum:
Die TN beschreiben die Fotos. So erkennen und verstehen sie den Zusammenhang der jeweiligen Fotos.
- Einzelarbeit:
Jeder TN entscheidet sich für eine der beiden Fotoreihen.

Hinweise zu den Fotos:
Fotoreihe A: Die junge Frau hat gerade die Führerscheinprüfung bestanden (Foto 1), der Vater / ... leiht ihr sein Auto / schenkt ihr ein Auto (Foto 2), beim Einparken fährt sie an das vor ihr parkende Auto / kann nicht ausparken / hat super eingeparkt / findet mithilfe des Schlüssels das Auto / ... (Foto 3).
Fotoreihe B: Zwei Personen machen einen Fahrradausflug zum Strand, wo sie die Fahrräder abstellen und absperren (Foto 4); zu Fuß gehen sie am Strand spazieren und suchen Muscheln (Foto 5), dabei verlieren sie den Schlüssel für das Fahrradschloss (Foto 6). Es ist aber auch möglich, dass nur zufällig zwei Personen unabhängig voneinander dort spazieren gehen, Muscheln sammeln, eine verliert den Schlüssel für ihr Fahrradschloss, sie lernen sich kennen ...
Es gibt zu den Fotoreihen sicher auch andere Interpretationsmöglichkeiten.

Hinweis: Die beiden Sprechblasen sind nur eine Möglichkeit, die Geschichte anzufangen. Aus den Fotos lassen sich viele unterschiedliche Erzählstränge erarbeiten. Wenn den TN nichts einfällt oder Sie schon wissen, dass die TN mit eigenen Ideen sehr zurückhaltend sind, können Sie Ihnen die Möglichkeiten aus der obigen Beschreibung der Fotoreihen präsentieren. Eventuell auch als Assoziogramm zu jedem Foto. Aus diesen Assoziogrammen kann sich dann jeder TN seine „eigene" Geschichte zusammenstellen.

Aufgabe 2
- Einzelarbeit:
Die TN notieren sich Stichworte, um eine Geschichte erzählen zu können. Bitten Sie die TN, sich einen interessanten Schluss auszudenken.

Aufgabe 3
- Partnerarbeit:
Die TN finden sich zu zweit zusammen, möglichst so, dass sie verschiedene Geschichten erzählen.

Tipp:
Wenn Sie genügend Unterrichtszeit zur Verfügung haben, bitten Sie die TN, ähnliche Geschichten zu erzählen, die ihnen persönlich passiert sind.

A Mein erster Tag, S. 42

A1
A1a (kursorisches Hören)
- Einzelarbeit:
Die TN lesen die Aufgabe.
🔘 CD 1.27: Die TN hören den Text und kreuzen an.

Hinweise zur Landeskunde:
Der *erste Schultag* ist ein wichtiger Tag für deutsche Kinder und deren Familien. Sehr oft begleiten die Eltern und auch Großeltern die kleinen Schulanfänger. Das neue Schuljahr beginnt nach den großen Sommerferien je nach Bundesland zwischen Anfang August und Mitte September. Die Kinder, die in die erste Klasse kommen, sind im Durchschnitt sechs Jahre alt. An ihrem allerersten Schultag versucht man ihnen den Schulbeginn so schön und süß wie möglich zu gestalten. Deshalb bekommen sie von den Eltern oder nahen Verwandten eine große *Schultüte*. Diese wird traditionell mit Süßigkeiten oder / und kleinen Geschenken gefüllt.
Die erste Schultüte gab es wohl vor ca. 200 Jahren in Thüringen: Die Schulanfänger bekamen dort zum Trost dafür, dass die schöne Kinderzeit zu Ende geht und der „Ernst des Lebens" anfängt, eine kleine Papiertüte mit Gebäck, Obst und Nüssen (damals nannte man sie „Zuckertüten"). Diese Schultüten nehmen die Kinder am ersten Tag mit zur Schule und dürfen sie im Laufe des Vormittags öffnen. Mancherorts beginnt der Schultag mit einem gemeinsamen Gottesdienst und / oder einer Feier auf dem Schulhof, bei der die älteren Schüler die Neulinge in ihren Kreis aufnehmen.

A1b
- Partnerarbeit / Plenum:
Die TN erzählen zuerst zu zweit und dann im Plenum, wie die junge Frau ihren ersten Schultag empfunden hat.

A1c (selektives Hören)
- Einzelarbeit:
🔘 CD 1.27: Die TN hören den Text noch einmal und kreuzen an.

A2 (kursorisches Lesen)
- Einzelarbeit:
Die TN lesen den Text ohne Wörterbuch.
- Partnerarbeit:
Die TN lesen die Fragen 1 bis 4 und finden die korrekten Antworten.

◁ **Arbeitsbuch, S. 52 / Übung 1:** Wortschatz (Schule) Als Hausaufgabe ▷

◁ **Arbeitsbuch, S. 53 / Übung 2:** Grammatik (Präsens im Kontext) Gut geeignet für den Unterricht. ▷

◁ **Arbeitsbuch, S. 54 / Übung 3:** Grammatik (Perfekt und Präteritum: Verwendung) Gut geeignet für den Unterricht. Falls Ihre TN mit den Begriffen Probleme haben, können Sie auch den Fokus Grammatik im Kursbuch auf S. 45 vorziehen. ▷

◁ **Arbeitsbuch, S. 54–56 / Übung 4:** Grammatik (Perfekt und Präteritum) Als Hausaufgabe ▷

◁ **Arbeitsbuch, S. 56 / Übung 5:** Grammatik (Plusquamperfekt) Gut geeignet für den Unterricht. ▷

A3 (Sprechen: über den ersten Schultag erzählen)
- Plenum:
Besprechen Sie mit den TN die Aufgabe und die Leitfragen.
- Einzelarbeit:
Die TN machen Notizen über ihren ersten Schultag.
- Kleingruppen:
Die TN berichten von ihren Erlebnissen.

Interkulturelle Komponente:
Wenn Sie einen international besetzten Kurs unterrichten, ist es am interessantesten für die TN, wenn sie die Kleingruppen so international wie möglich zusammenstellen.

◁ **Arbeitsbuch, S. 57 / Übungen 6 + 7:** Texte bauen (von einem Ereignis erzählen / über ein Erlebnis berichten) Gut geeignet als Hausaufgabe. ▷

B Nur geträumt? S. 43

B1 (kursorisches Lesen)
B1a
- Einzelarbeit:
Die TN lesen den Informationstext und kreuzen an.

B1b
- Einzelarbeit:
Die TN lesen und kreuzen an.
- Partnerarbeit:
Die TN vergleichen ihre Lösungen.

- Plenum:
Besprechen Sie mit den TN die Lösungen und klären Sie eventuell schwierige oder nicht verstandene Textpassagen.

B2 (kursorisches Lesen)
- Einzelarbeit:
Die TN lesen die Texte A, B, C und ordnen die Antworten 1, 2, 3 auf S. 44 zu.
- Plenum:
Besprechung der Lösung. Fragen Sie die TN, ob sie schon ähnliche Träume hatten. Was halten die TN von den Antworten des Experten? Gibt es andere Träume, die die TN oft haben?

Hinweis zur Kursorganisation:
Wiederholen Sie gemeinsam mit den TN an dieser Stelle die temporalen Adverbien, die man braucht, um eine Geschichte zu erzählen. Schreiben Sie diese an die Tafel (zum Beispiel: *zuerst, dann / danach, später, anschließend, schließlich*). Lassen Sie die Übungen im Arbeitsbuch zu diesem Thema im Anschluss an Aufgabe B3 erledigen (siehe unten).

B3 (Schreiben: einen Traum schildern)
- Plenum:
Weisen Sie die TN auf die Zeichnungen und die Stichpunkte hin. Besprechen Sie die komplette Aufgabe und gehen Sie die Arbeitsanweisung bei Teilaufgabe 2 gemeinsam mit den TN durch.
- Einzelarbeit:
Die TN lesen die Stichpunkte zu den Träumen und / oder notieren eigene (D). Anschließend schreiben sie einen Forumsbeitrag.

Hinweis zur Binnendifferenzierung:
Je nach Intention oder Schnelligkeit der TN können Sie auch zwei Forumsbeiträge schreiben lassen. Zuerst einen nach den vorgegebenen Stichpunkten, dann einen Beitrag nach eigenen Stichpunkten.

Hinweis: Gegebenenfalls ist es sinnvoll, den TN zu erklären, dass es nicht darauf ankommt, einen wahren Traum zu schildern, sondern einfach eine „Traumgeschichte" zu erzählen.

☐ **Box: Binnendifferenzierung, S. 57** ☐

◁ **Arbeitsbuch, S. 57 + 58 / Übung 8:** Grammatik (temporale Angaben mit Adverbien) ▷
◁ **Arbeitsbuch, S. 59 + 60 / Übung 9:** Texte bauen (ein Ereignis / eine Geschichte erzählen) Gut geeignet als Hausaufgabe, Übung 9b auch interessant für den Unterricht. ▷

Fokus Grammatik: Gegenwart und Vergangenheit, S. 45

Hinweis: Je nach Ausgangssprache der TN empfiehlt es sich, diese Seite auch kontrastiv zu behandeln. Die Vorgaben, welche Zeitformen verwendet werden und unter welchen Bedingungen, sind in vielen Sprachen nicht so frei, wie im Deutschen. Und es ist ein häufiger Fehler, dass man die Regeln der Muttersprache in die Zielsprache überträgt. In diesem Zusammenhang könnte man die TN auch noch einmal auf das Portfolio aufmerksam machen, das sie auf der im Arbeitsbuch eingelegten Lerner-CD-ROM finden und bearbeiten können.

Je nach Bildungsstand oder Interesse der TN kann der Vergleich mit dem Regelwerk der Muttersprache eine große Hilfe oder aber auch verwirrend sein. Der Grund dafür kann zum Beispiel sein, dass die TN das Regelwerk ihrer Muttersprache nicht kennen. In solchen Fällen kann es möglicherweise sinnvoller sein, die zuerst gelernte Fremdsprache (oft das Englische) dem Deutschen gegenüberzustellen.

Hinweis: Das Regelwerk, das die TN hier in *Ziel* B1+ (und dann erweitert in *Ziel* B2, Band 1) lernen, erscheint im Vergleich zu anderen komplexen Erklärungsmodellen recht einfach. Doch es bildet das Regelwerk der deutschen Sprache korrekt ab. Alle anderen Modelle beziehen sich auf stilistische Fragen und Eigenheiten, die man finden kann, die man aber nicht reproduzieren (können) muss. Vielleicht ist dies auch eine gute Gelegenheit zu zeigen, dass die deutsche Sprache zwar Phänomene hat, die TN bestimmter Ausgangssprachen irritiert, doch die Verwendung der Zeiten ist vergleichsweise einfach. (Vielleicht ist es für die TN in diesem Zusammenhang auch interessant, dass Französisch, Italienisch und Spanisch im Zuge ihrer Entwicklung einen Genus „verloren" haben, deshalb gibt es kein Neutrum mehr, Persisch und Englisch aber haben alle drei Genusformen verloren, die sie ursprünglich einmal hatten.)

Aufgabe 1

1a
- Einzelarbeit:
Die TN lesen die Texte A–D. Bitten Sie die TN, während des Lesens die Verbformen zu markieren.

1b
- Einzelarbeit:
Die TN lesen die Regeln und kreuzen an. Danach schreiben sie die Ziffer der passenden Regel in die Kästchen von Aufgabe 1a.
- Plenum:
Besprechung der Lösungen.

Aufgabe 2
- Plenum:
Fragen Sie die TN, welche Begriffe sie kennen: Präsens (Gegenwart), Perfekt (2. Vergangenheit), Präteritum (Imperfekt / 1. Vergangenheit), Plusquamperfekt (Vorvergangenheit). Schreiben Sie die Begriffe an die Tafel und erklären Sie, dass man zur Vereinheitlichung folgende Begriffe verwendet: Gegenwart oder Präsens. In der Vergangenheit (das ist alles, was früher passiert ist) unterscheidet man Präteritum, Perfekt und Plusquamperfekt. Lassen Sie sich für jede Zeitform Beispiele nennen und schreiben Sie diese unter die jeweilige Spalte.
- Einzelarbeit:
Die TN ordnen zu.
- Plenum:
Besprechung der Aufgabe.

Aufgabe 3

3a
- Partnerarbeit:
Die TN besprechen die Aufgabe gemeinsam und kreuzen an.
- Plenum:
Kontrolle und Besprechung der Lösung.

3b
- Einzelarbeit:
Die TN lesen noch einmal Text D in Aufgabe 1a und kreuzen an.

3c
- Kleingruppen:
Hinweis: Für heterogene Gruppen gilt: Wenn möglich finden sich TN mit gleicher Muttersprache zusammen und finden die Regeln ihrer eigenen Sprache.

C Abendpost – Nachrichten aus der Region, S. 46

C1 (kursorisches Lesen)

C1a
- Einzelarbeit:
Die TN lesen die Texte und ordnen die Schlagzeilen zu.

C1b
- Einzelarbeit:
Die TN lesen die Kommentare und ordnen die passenden Texte aus C1a zu.
- Partnerarbeit:
Kontrolle der Lösungen.

◁ **Arbeitsbuch, S. 61 / Übung 10:** Grammatik (temporale Angaben mit Präpositionen) Gut geeignet im Unterricht für diejenigen TN, die bei Aufgabe C1a sehr schnell arbeiten. ▷

◁ **Arbeitsbuch, S. 61 + 62 / Übung 11: Grammatik (temporale Angaben mit Konjunktionen)** Gut geeignet im Unterricht für diejenigen TN, die bei Aufgabe C1a sehr schnell arbeiten. ▷

C2
C2a
- **Plenum:**
Bitten Sie die TN, einen Text aus C1a auszuwählen und noch einmal zu lesen. Besprechen Sie die angegebenen Adjektive und stellen Sie sicher, dass die TN sie verstehen.
- **Einzelarbeit:**
Die TN lesen den Text und kreuzen die für sie passenden Adjektive an.
- **Partnerarbeit / Kleingruppen:**
Es finden sich möglichst die TN zusammen, die dieselben Texte bearbeitet haben. Die TN diskutieren über die Texte und darüber, warum sie sich für die jeweiligen Adjektive entschieden haben.

C2b (Schreiben: einen Kommentar)
- **Plenum:**
Die TN lesen die Wendungen und Ausdrücke auf S. 102. Bitten Sie die TN, möglichst viele davon in ihrem Kommentar zu verwenden.
- **Einzelarbeit:**
Die TN schreiben ihren Kommentar.

Hinweis zur Kursorganisation:
Dieser etwas längere Kommentar eignet sich auch als Hausaufgabe, wenn Sie nicht viel Kurszeit zur Verfügung haben. Die TN sollen ca. 80 Wörter schreiben.

◁ **Arbeitsbuch, S. 62 / Übung 12: Wortschatz (Bewertung)** Als Hausaufgabe ▷
◁ **Arbeitsbuch, S. 62 + 63 / Übung 13: Texte bauen (Kommentar)** ▷

Fokus Grammatik: Zeitangaben, S. 48

Aufgabe 1
- **Partnerarbeit:**
Die TN stellen einander die Fragen und antworten mündlich. Die präpositionale Zeitangabe des Lernpartners wird notiert.
- **Plenum:**
Machen Sie eine schnelle Runde im Kurs. Je ein TN stellt eine Frage und bittet einen anderen TN zu antworten.

Aufgabe 2
- **Einzelarbeit:**
Die TN ergänzen die Sätze mit den Präpositionen und vergleichen mit der Lösung.

- **Plenum:**
Besprechung der Aufgabe.

Aufgabe 3
- **Einzelarbeit:**
Die TN lesen und kreuzen an.
- **Kleingruppen:**
Die TN stellen sich die Fragen gegenseitig und antworten in ganzen Sätzen („*Wie oft kochst du selbst?*" – „*(Ich koche) oft*". / „*Wie oft machst du Sport?*" – „*(Ich mache) täglich (Sport).*" etc.)

Aufgabe 4
- **Einzelarbeit:**
Die TN lesen die Aufgabe und ordnen zu.
○ CD 1.28: Danach hören die TN und überlegen eventuell neu.
- **Plenum:**
Besprechung der Lösungen.

D Zwei Menschen – zwei Ereignisse, S. 49

D1
D1a, D1b, D1c, D1d
- **Einzelarbeit:**
Die TN sehen sich die Fotos an, lesen, vermuten und kreuzen an. Im Prinzip sind alle Antworten möglich.
- **Plenum:**
Einzelne TN fassen ihre Vermutungen zusammen und sagen, wenn möglich, warum sie das glauben: „*Ich glaube, die Frau auf dem oberen Foto ist Abiturientin / Studentin, weil ...*" / *Auf dem Foto sieht man, dass ..., deshalb ...*

D2 (kursorisches Hören)
D2a
- **Einzelarbeit:**
○ CD 1.29 + 1.30: Die TN hören den Text.
- **Partnerarbeit:**
Die TN sprechen über ihre Vermutungen im Vergleich zu dem Gehörten.

D2b
- **Einzelarbeit:**
Die TN lesen die Aussagen.
○ CD 1.29 + 1.30: Die TN hören den Text noch einmal und kreuzen an.
- **Plenum:**
Besprechung der Lösungen.

D3
- **Plenum / Kleingruppen:**
Bitten Sie die TN, kurz zu überlegen, was ihr aufregendster Augenblick im Leben war. Entweder machen die TN keine Notizen und versuchen, spontan zu erzählen, oder aber sie bereiten ihre kleine Geschichte wie geübt vor.

Hinweis zur Kursorganisation:
Wenn Sie viele TN im Kurs haben, ist es besser, die TN in Kleingruppen einzuteilen. Auf diese Weise kommen mehr TN zum Sprechen. Wenn die TN Ihres Kurses eher schüchtern sind, empfiehlt sich das Aufteilen in die Kleingruppen erst nach einer Art Aufwärmphase im Plenum.

☐ Box: Spontanes Sprechen, S. 67 ☐

D4
- Plenum:

Die TN sprechen darüber, wie ihnen die Geschichten im Kursbuch (Aufgabe D2) und die Geschichten der anderen TN (Aufgabe D3) gefallen haben.

◁ Arbeitsbuch, S. 63 / **Übung 14:** Sätze bauen (bei einer offiziellen Stelle anrufen) ▷

Arbeitsbuch, „Darüber hinaus"

Hinweis: Der Arbeitsbuchteil „Darüber hinaus" schließt sich an jede Lektion an und beinhaltet jeweils eine Übung zur Phonetik sowie Übungen zu den B1-Prüfungen. Beide Aufgabentypen eignen sich für zuhause.

◁ Arbeitsbuch, S. 64 / **Übung 15:** Phonetik (Aussprache von *-ig* / *-ich*) ▷
◁ Arbeitsbuch, S. 64 / **Übung 16:** Übungen zu Prüfungen (Hörverstehen) ▷
◁ Arbeitsbuch, S. 65 / **Übung 17:** Übungen zu Prüfungen (mündlicher Ausdruck) ▷

Lektion 5 — Also gut, geht in Ordnung

Worum geht es in der Lektion?

Abschnitt A: „So war das aber nicht abgemacht"
Fertigkeiten: Lesen, Hören, Sprechen
Lernziel: Die TN lesen und hören vom Konflikt einer Kundin mit ihrer Autowerkstatt. Der Vorgang wird anhand eines Auftrags (telefonisch und schriftlich), einer Rechnung und eines Beschwerdebriefs deutlich. In einem Rollenspiel übernehmen die TN die Rolle der beiden Kontrahenten und üben, sich zu beschweren, zu argumentieren und sich zu einigen.

Abschnitt B: „Einkaufen in der virtuellen Welt"
Fertigkeiten: Lesen, Sprechen
Lernziel: Eine Kursstatistik über das Einkaufsverhalten der TN führt auf das Thema hin. Anschließend wird ein Sachtext zum Verhalten europäischer Konsumenten hinsichtlich des Online-Shoppens gelesen und bildet die Basis für eine Diskussion. Im Arbeitsbuch werden Relativsätze besprochen.

Abschnitt C: „Willkommen bei unserem Straßenfest"
Fertigkeiten: Lesen, Hören, Sprechen
Lernziel: Die TN lesen eine Einladung zum Straßenfest und hören das Gespräch zur Genehmigung dieses Festes im Rathaus. Dabei und im Arbeitsbuch lernen sie verschiedene Formen der Aufforderung kennen. Sie planen dann gemeinsam ein Fest und beantragen dafür die Genehmigung.

Abschnitt D: „Wir brauchen Sie!"
Fertigkeiten: Lesen, Schreiben
Lernziel: Angelehnt an die Aufgabe Leseverstehen in den B1-Prüfungen ordnen die TN verschiedenen Personen Stellenanzeigen zu. Danach schreiben sie eine kurze Bewerbungs-E-Mail auf eine der Anzeigen.

Abschnitt E: „Tut mir leid, ehrlich!"
Fertigkeiten: Lesen, Sprechen
Lernziel: Die TN lernen, angemessen auf eine unangenehme Nachricht zu reagieren und einen Konflikt zu lösen.

Fokus Grammatik:
Relativpronomen – Relativsatz
Aufforderungen

Einstiegsseite, S. 51

Hinweis zu den Einstiegsseiten im Unterricht:
Die Einstiegsseiten des Bandes *Ziel* B1+ Kursbuch bieten die Möglichkeit, in den Stoff der jeweiligen Lektion einzusteigen. Sie nehmen in der Regel wenig Zeit in Anspruch und haben das Ziel, die Vorkenntnisse der TN assoziativ zu aktivieren und die folgenden Seiten der Lektion thematisch zu situieren. Sie bieten aber auch die Möglichkeit, sich gemeinsam über die Lernziele der jeweiligen Lektion zu verständigen und ev. auch Schwerpunkte zu vereinbaren.

Vorentlastung:
- Plenum:
Lesen Sie den Titel der Lektion vor und fragen Sie die TN, was er bedeutet, in welcher Situation man das sagt und ob sie diesen Ausspruch schon einmal gehört haben. Stellen Sie sicher, dass alle TN bei den Sprechblasen den Unterschied zwischen gedachten Sätzen (drei kleine Kreise) und den gesprochenen Sätzen (durchgezogene Linien) kennen.

Aufgabe 1
1a
- Einzelarbeit:
Die TN betrachten die Fotos und lesen die Sprech- und Gedankenblasen.

1b
- Partnerarbeit:
Die TN überlegen kurze Sätze für die leeren Sprechblasen.

Aufgabe 2
- Plenum:
Die TN lesen ihre Texte paarweise in verteilten Rollen vor.

Zusatzaufgabe:
Die TN diskutieren die Situationen: Wie verhalten sich die Personen. Ist das korrekt? Würden sie sich auch so verhalten? Wäre es besser, die Personen wären ehrlicher? Was könnten sie dann jeweils sagen?

A „So war das aber nicht abgemacht!", S. 52

A1 (selektives Lesen, kursorisches / selektives Hören)
- Plenum:
Sprechen Sie mit den TN darüber, was der TÜV ist. Kennen die TN die TÜV-Plakette? War jemand schon einmal beim TÜV?

Hinweis zur Landeskunde:
Alle zwei Jahre muss jedes Auto zum TÜV, fabrikneue Autos haben drei Jahre Zeit. Jeder Fahrzeugbesitzer kann selbst direkt zu einer Niederlassung des Technischen Überwachungsvereins (TÜV) fahren, um sein Auto überprüfen zu lassen. Stellt der TÜV Mängel am Auto fest, die die Verkehrssicherheit beeinträchtigen, bekommt der Fahrzeughalter eine Frist, innerhalb derer er oder sie das Auto reparieren lassen muss. Alternativ kann man eine Werkstatt mit dem kompletten TÜV-Service beauftragen, das heißt, das Auto wird vorgefahren und die Mängel werden von der Werkstatt behoben.
Die *TÜV-Plakette* ist am Nummernschild der Autos angebracht. Im Zentrum der Plakette steht normalerweise die Jahreszahl, in der der TÜV fällig ist (13 für 2013, 14 für 2014 etc.). Pro Jahr gibt es eine andere Farbe. Auch die Monate, innerhalb derer das Auto untersucht werden muss, lassen sich leicht feststellen, da sie immer oben stehen. Bei dem Beispiel im Buch muss das Auto im Winter zum TÜV. Müsste das Auto im Frühjahr vorgefahren werden, wäre die Plakette um eine Vierteldrehung nach rechts gedreht, die Zahl „3" stünde oben. So kann die Polizei sehr leicht erkennen, ob ein Auto rechtzeitig beim TÜV war. Hat man dies versäumt und wird man von der Polizei erwischt, muss man eine Strafe bezahlen.
TÜV nennt man eingetragene Vereine, die technische Sicherheitskontrollen durchführen (auch im Rahmen gesetzlicher Sicherheitsvorschriften). Neben der Überwachung von Kraftfahrzeugen betrifft das allgemein alles, wo es in technischer Hinsicht um Geräte- und Produktsicherheit geht, dazu gehören zum Beispiel auch Kinderspielzeug und Kinderspielplätze. Jedes Produkt, das TÜV-geprüft ist, ist mit einer entsprechenden Kennzeichnung versehen.

- Einzelarbeit:
CD 2.2: Die TN schließen das Buch, so können sie sich besser auf den Hörtext konzentrieren. Sie hören das Gespräch.
Dann lesen sie den Notizzettel der Kundin Frau Taler an Herrn Leitner vom Autohaus Stockinger und markieren, was im Gespräch gefehlt hat (Frau Taler sagt im Gespräch, dass sie mit dem Schlüssel auch noch einen Notizzettel in den Auftragsbriefkasten hineinlegt). Bei Bedarf hören die TN noch einmal.
- Plenum:
Besprechung der Aufgabe.

Hinweis zur Landeskunde:
Viele Autowerkstätten ermöglichen es den Kunden, ihren Wagen auch außerhalb der Öffnungszeiten abzugeben. Dazu liegen sogenannte Auftragstaschen im Eingangsbereich bereit. Diese füllt man aus, legt den Schlüssel und ev. weitere Erläuterungen hinein und wirft sie in einen einbruchsicheren Briefkasten.

Den Wagen hat man vorher abgeschlossen auf dem firmeneigenen Parkplatz abgestellt.

☐ Box: Wie hört man „richtig" zu? S. 59 ☐

A2 (detailliertes Lesen)
■ Einzelarbeit:
Die TN lesen die Rechnung und vergleichen mit Aufgabe A1.
■ Partnerarbeit / Plenum:
Die TN sprechen zuerst zu zweit, dann im Plenum darüber, was ihnen aufgefallen ist.

◁ Arbeitsbuch, S. 66 + 67 / **Übung 1: Wortschatz (Auto / Fahrzeug und Reparatur)**
Übung 1a Anmerkung: Für die anderen Fahrzeuge sind es der Autofahrer / der Chauffeur, der Busfahrer, der Straßenbahnfahrer, der Zugführer (!), der Fahrradfahrer, der Motorradfahrer, der Kapitän, der Mopedfahrer und der Taxifahrer. ▷
◁ Arbeitsbuch, S. 67 / **Übung 2: Grammatik (Aufforderungen / Imperativ und *bitte, doch*)** ▷
◁ Arbeitsbuch, S. 68 / **Übung 3: Sätze bauen (jemanden beauftragen)** ▷
◁ Arbeitsbuch, S. 69 / **Übung 4: Texte bauen (einen Auftrag geben)** ▷

A3
A3a
■ Partnerarbeit:
Die TN lesen die Aufgabe, kreuzen an und ergänzen den entsprechenden Satz.

A3b (kursorisches / selektives Hören)
■ Einzelarbeit:
CD 2.3: Die TN schließen das Buch und hören das Telefongespräch.
■ Partnerarbeit:
Die TN tauschen sich über das Gehörte aus und korrigieren gegebenenfalls ihre Sätze in Aufgabe A3a. Spielen Sie den Hörtext nach Bedarf noch einmal vor.

☐ Box: Wie oft soll man einen Text vorspielen? S. 59 ☐

A4 (detailliertes Lesen)
A4a
■ Einzelarbeit:
Die TN lesen die Wendungen und Ausdrücke.

A4b
■ Einzelarbeit:
Die TN lesen den Beschwerdebrief. Sie suchen und markieren Wendungen und Ausdrücke aus A4a.
Hinweis: Besprechen Sie mit den TN, ob sie auch das schriftliche Verfassen eines Beschwerdebriefes üben möchten. Möglicherweise ist dies auch im Rahmen einer Prüfung, die die TN anstreben, vorgesehen. Dazu können die TN die folgenden Übungen im AB machen.

◁ Arbeitsbuch, S. 69 / **Übung 5: Sätze bauen (sich beschweren)** ▷
◁ Arbeitsbuch, S. 70 / **Übung 6: Texte bauen (sich beschweren)** ▷

A5 (Sprechen: sich beschweren, sich einigen)
A5a
■ Partnerarbeit:
Die TN tragen die Argumente zusammen und notieren diese in Stichpunkten.

A5b
■ Partnerarbeit:
Die TN übernehmen je eine Rolle.
■ Einzelarbeit:
Die TN lesen ihre jeweilige Rollenkarte sowie die Ausdrücke und Wendungen. Sie überlegen sich einen Lösungsvorschlag und markieren diejenigen Ausdrücke, die sie im Gespräch verwenden möchten.
■ Partnerarbeit:
Die TN diskutieren und einigen sich auf eine Lösung.

◁ Arbeitsbuch, S. 71 / **Übung 7: Sätze bauen (argumentieren und sich einigen)** ▷
◁ Arbeitsbuch, S. 72 / **Übung 8: Texte bauen (argumentieren und sich einigen)** ▷

B Einkaufen in der virtuellen Welt, S. 54

B1 (Sprechen)
■ Plenum:
Übertragen Sie die Tabelle vom Buch an die Tafel / den Overheadprojektor oder das Whiteboard. Lesen Sie die Tabelle mit den TN. Die TN kommen zur Tafel und machen pro Artikelgruppe Striche in die Spalten, die auf jeden TN persönlich zutreffen. Mehrfachnennungen sind möglich. Wenn alle TN an der Tafel waren, werden die Striche zusammengezählt. So erhält man eine kleine Kursstatistik über das Einkaufsverhalten der TN.

B2
B2a (kursorisches Lesen)
■ Einzelarbeit:
Die TN lesen die Fragen und die Texte. Die Fragen werden den Texten zugeordnet.

B2b + B2c
■ Einzelarbeit:
Die TN unterstreichen die zu den Fragen gehörenden Informationen im Text und notieren diese in Stichpunkten.

■ Plenum:
Vergleich der Antworten.

B3
■ Plenum:
Besprechen Sie die Aufgabe mit den TN. Die TN vergleichen ihre Kursstatistik mit dem Text von Aufgabe B2a.
■ Einzelarbeit:
Die TN lesen die Argumente auf S. 95 im Kursbuch und markieren diejenigen, die zu ihnen passen. Vielleicht haben die TN aber auch noch eigene Argumente.
■ Kleingruppen:
Die TN diskutieren über ihr Einkaufsverhalten.
Hinweis: Argumente, die im Kursbuch im Anhang angeboten werden, haben zum Ziel, den Kursverlauf in der vorgegebenen Zeit zu gewährleisten. Darüber hinaus soll kein TN dadurch an der Sprachproduktion gehindert werden, dass ihm keine Argumente einfallen. Es geht im Sprachunterricht ja primär darum, die zur Verfügung stehenden Sprachmittel angemessen zu verwenden.

◁ **Arbeitsbuch, S. 72 + 73 / Übung 9**: Wortschatz (Einkaufen und Konsum) ▷
◁ **Arbeitsbuch, S. 74 + 75 / Übungen 10–12**: Grammatik (Relativpronomen und Relativsätze) Übungen 10a, b, c sowie 11 im Unterricht, Übungen 10d und 12 als Hausaufgabe. ▷
Hinweis: Andere Formen der Relativpronomen und Relativsätze gehören in den Unterricht, der zum Niveau B2 führt.
◁ **Arbeitsbuch, S. 75 / Übung 13: Sätze bauen** (argumentieren / die Meinung sagen und begründen) Schriftlich als Hausaufgabe zur Nachbereitung von Aufgabe B3 im Kursbuch. ▷

Fokus Grammatik: Relativpronomen – Relativsatz, S. 55

Aufgabe 1
■ Plenum:
Die TN lesen und unterstreichen.

Aufgabe 2
2a
■ Einzelarbeit:
CD 2.4: Die TN hören die Sätze und lesen sie in Aufgabe 2b mit.

2b
■ Plenum:
Schreiben Sie das Beispiel 1 an die Tafel und zeigen Sie den TN, wie sie vorgehen sollen.
■ Einzelarbeit:
Die TN unterstreichen und markieren.

■ Partnerarbeit:
Die TN vergleichen miteinander und mit der Lösung auf S. 103.

2c
■ Plenum:
Besprechen Sie die Position des Verbs mit den TN.

2d
■ Einzelarbeit:
Die TN lesen und kreuzen an.
■ Plenum:
Lösungsvergleich.

Tipp:
Die Tatsache, dass das Verb den Kasus bestimmt, wird von vielen TN nur schwer verstanden. Möglicherweise ernten Sie bei Aufgabe 2d, Satz 3 zunächst Unverständnis. Wenn Sie die Sätze in Aufgabe 2b als zwei Hauptsätze formulieren lassen und die TN daran erinnern, dass sie diese Strukturen bereits können (sollten), wird diese Regel eher akzeptiert. Schreiben Sie die Sätze an die Tafel, nachdem die TN sie formuliert haben:

1 In der Stadt gibt es noch einen Wochenmarkt. (Wo? – In der Stadt)
2 Du siehst den Mann vor dem Schreibwarengeschäft. (sehen: transitives Verb, also Akkusativobjekt)
3 Die anderen wollen das Gemüse nicht haben. (haben + Akkusativobjekt)
4 Der ältere Mann macht immer so ein Theater. („der ältere Mann" ist Subjekt, also Nominativ)
5 Du machst bei dem Fest nicht mit. (Verb mit fester Präposition: mitmachen bei + Dativ)
6 Der Bürgermeister hat die Demo verboten. (verbieten + Akkusativobjekt)

Aufgabe 3
■ Einzelarbeit:
Die TN ergänzen die Relativpronomen.
■ Plenum:
Besprechung der Aufgabe.

C Willkommen bei unserem Straßenfest, S. 56

C1 (kursorisches / detailliertes Lesen, Sprechen: Vermutungen äußern)
■ Einzelarbeit:
Die TN lesen die Texte und betrachten das Foto.
■ Partnerarbeit / Plenum:
Die TN sprechen zunächst zu zweit darüber, worum es hier gehen könnte. Danach äußern sie im Plenum ihre Vermutungen. (Die Dame auf dem Foto ist offensichtlich eine der möglicherweise belästigten Anwohner. Sie reagiert negativ auf die Einladung,

indem sie fragt, ob die Studenten eine Genehmigung für das Straßenfest haben.)

C2 (selektives / kursorisches Hören)
C2a
- Einzelarbeit:

Die TN lesen noch einmal die Einladung.
CD 2.5: Die TN hören das Gespräch, lesen die Einladung mit den Programmpunkten und unterstreichen, was sie hören.

Hinweise zur Landeskunde:
Möchten Privatleute eine Veranstaltung auf einer öffentlichen Straße organisieren, müssen sie diese genehmigen lassen. Je nachdem, ob es sich um eine innerstädtische Straße, eine Staatsstraße, Kreis- oder Bundesstraße handelt, sind unterschiedliche Behörden zuständig: das Ordnungsamt der Stadt- oder Gemeindeverwaltung, das Landratsamt etc. Ziel ist es, einerseits den Veranstalter und die Feiernden vor Gefahren zu schützen, andererseits für Nichtbeteiligte die Belastung so gering wie möglich zu halten. Die Verwaltungsbehörde (hier das Rathaus) erarbeitet in der Regel mit dem Veranstalter Genehmigungsvoraussetzungen, die schriftlich festgehalten werden. Je nachdem, was geplant ist, müssen diverse Bestimmungen eingehalten und andere Behörden oder die Polizei eingeschaltet werden. Bei der Abgabe von Speisen und Getränken gibt es Regeln zur Lebensmittelhygiene oder des Umweltschutzes. Wird Musik anderer Urheberrechtsinhaber öffentlich gespielt, muss eine Gebühr an die GEMA (Gesellschaft für musikalische Aufführungs- und mechanische Vervielfältigungsrechte) gezahlt werden.

C2b
- Einzelarbeit:

Die TN lesen die Aussagen.
CD 2.5: Die TN hören das Gespräch noch einmal. Die TN kreuzen an.
- Plenum:

Vergleich der Lösungen.

C2c
- Einzelarbeit:

Die TN lesen im Kursbuch auf S. 98 und ordnen zu.
- Partnerarbeit:

Vergleich der Lösungen.

◁ **Arbeitsbuch, S. 76 / Übungen 14 + 15:** Wortschatz (öffentliches Leben) ▷
◁ **Arbeitsbuch, S. 77 / Übung 16:** Grammatik (Aufforderungen und *bitte*) ▷
◁ **Arbeitsbuch, S. 77 / Übung 17:** Grammatik (*einfach* als Partikel) ▷

C3 (Sprechen: etwas gemeinsam planen, eine Genehmigung einholen)
- Plenum:

Lesen Sie mit den TN die Aufgabenstellung. Weisen Sie die TN auf die Wendungen und Ausdrücke auf S. 60 *(eine Genehmigung beantragen / auf einen Antrag reagieren)* hin.
- Kleingruppen:

Die TN erledigen die Aufgabe Schritt für Schritt, diskutieren und einigen sich.

◁ **Arbeitsbuch, S. 78 / Übung 18:** Sätze bauen (einen Antrag stellen und auf einen Antrag reagieren) ▷

Fokus Grammatik: Aufforderungen, S. 57

Aufgabe 1
- Einzelarbeit:

CD 2.6–2.9: Die TN hören und lesen die Texte.
Text A: Während einer Fahrprüfung im Auto. Man hört hauptsächlich den Prüfer.
Text B: Entspannungsübungen im Radio, auf CD oder in einer Trainingsstunde zum Beispiel bei der Volkshochschule.
Text C: In einem Tanzkurs. Tanzkurse werden von Tanzschulen organisiert. Es gibt jüngere aber auch ältere Tanzbegeisterte, die dort Kurse machen oder sich einmal pro Woche zum Tanzen treffen. Getanzt werden klassische Tänze wie Walzer, Foxtrott, Cha-Cha-Cha, Rumba, Tango, aber auch Salsa, Samba Merengue bzw. aktuelle Modetänze.
Text D: Sekretärin und Chef.

Aufgabe 2
2a
- Einzelarbeit:

Die TN ordnen zu.
- Partnerarbeit:

Vergleich der Lösungen.

2b
- Einzelarbeit / Kleingruppen:

Wenn möglich arbeiten TN mit gleicher Muttersprache zusammen und übersetzen in die Muttersprache. Weisen Sie darauf hin, dass es nicht darum geht, Wort für Wort zu übersetzen, sondern um die sinn- und situationsgemäße Übertragung in die Muttersprache. Es geht vor allem darum, die TN für die angemessene Formulierung zu sensibilisieren. (Dieses Thema wird in *Ziel* B2 und *Ziel* C1 noch weiter behandelt.)

D Wir brauchen Sie! S. 58

D1 (kursorisches / selektives Lesen)
Tipp:
Weisen Sie die TN gegebenenfalls darauf hin, dass diese Aufgabe an eine der schriftlichen Prüfungsaufgaben von B1-Sprachstandsprüfungen angelehnt ist. Empfehlen Sie die folgende Vorgehensweise: Zuerst lesen die TN die Wünsche der Personen 1–6 und markieren die wichtigsten Informationen. Dann suchen sie für jede Person eine passende Anzeige, wobei es für eine Person (Person 4) keine Anzeige gibt. Die TN tendieren dazu, die Lesetexte sofort von Anfang bis Ende durchzulesen und alles verstehen zu wollen. Mit dieser Methode werden sie in entsprechenden Prüfungen, bei denen die Zeit ein limitierender Faktor ist, nicht erfolgreich sein.

☐ Box: Prüfungen auf Niveau B1, S. 69 (Leseverstehen) ☐

- Einzelarbeit:
Die TN lesen und ordnen zu.
- Plenum:
Besprechung der Aufgabe.

D2 (Schreiben: eine Bewerbung)
- Einzelarbeit:
Die TN schreiben eine Bewerbung in Form einer E-Mail.

Hinweis zur Kursorganisation:
Die Aufgabe D2 eignet sich bei knapp bemessener Kurszeit auch gut als Hausaufgabe, vor allem in Zusammenhang mit den folgenden Arbeitsbuch-Übungen.

◁ Arbeitsbuch, S. 79 / Übung 19: Wortschatz (Beruf) ▷
◁ Arbeitsbuch, S. 79 + 80 / Übungen 20 + 21: Sätze bauen (sich bewerben) Vertiefungsübungen ▷

E Tut mir leid, ehrlich! S. 59

E1
E1a (detailliertes Lesen)
- Einzelarbeit:
Die TN betrachten das Foto, lesen die SMS und kreuzen an.

E1b
- Partnerarbeit:
Die TN lesen die Wendungen und Ausdrücke gemeinsam und suchen zu ihrer Reaktion passende Sätze. Lassen Sie die TN die Sätze laut lesen und ermutigen Sie sie zu deutlicher Intonation.

- Plenum:
Fragen Sie, ob ein TN Lust hat, die Sätze mit passender Intonation vorzulesen. Besprechen Sie die authentische Stimmführung bei den Sätzen und sprechen Sie die Ausdrücke und Wendungen mit deutlicher, eventuell übertriebener Intonation vor. Die TN sprechen im Chor nach und können ihre Stimme ausprobieren.
- Kleingruppen:
Die TN tauschen sich über ihre Reaktionen aus. Vielleicht ist den TN Ähnliches schon einmal passiert? Die TN tauschen ihre Erfahrungen aus.

◁ Arbeitsbuch, S. 80 / Übung 22: Grammatik (Partikel *doch* in Aussagen) ▷
◁ Arbeitsbuch, S. 81 / Übung 23: Sätze bauen (auf eine unangenehme Nachricht reagieren) ▷
◁ Arbeitsbuch, S. 81 + 82 / Übung 24: Texte bauen (auf eine unangenehme Nachricht reagieren) ▷

E2
- Einzelarbeit:
Die TN lesen die Aufgabe und kreuzen an.

E3 (Sprechen: auf eine Nachricht reagieren / einen Konflikt lösen)
- Plenum:
Besprechen Sie die Aufgabe. Bitten Sie die TN, die in E1 und in den Arbeitsbuch-Übungen trainierten Ausdrücke und Wendungen bewusst einzusetzen.
- Partnerarbeit:
Die TN spielen das Gespräch.
- Plenum:
Lassen Sie einzelne Paare das Gespräch vorspielen.

Arbeitsbuch, „Darüber hinaus"

Hinweis: Der Arbeitsbuchteil „Darüber hinaus" schließt sich an jede Lektion an und beinhaltet jeweils eine Übung zur Phonetik sowie Übungen zu den B1-Prüfungen. Beide Aufgabentypen eignen sich für zuhause.

◁ Arbeitsbuch, S. 82 / Übung 25: Phonetik ▷
◁ Arbeitsbuch, S. 82 / Übung 26: Übung zu Prüfungen (mündlicher Ausdruck) Diese Übung eignet sich gut für den Unterricht. Geben Sie den TN ein paar Minuten Vorbereitungszeit, um die Aufgabe zu lesen und zu verstehen. In Partnerarbeit berichten die TN über ihre Informationen und über ihre Meinung zum Fahrradfahren in der Stadt. ▷

Lektion 6 Gefällt mir

Worum geht es in der Lektion?

Abschnitt A: „Post aus dem Urlaub"
Fertigkeiten: Lesen, Schreiben, Sprechen
Lernziel: In drei Urlaubsbriefen werden die positiven und negativen Urlaubserfahrungen herausgearbeitet. Anschließend schreiben die TN einen Brief aus dem Urlaub nach vorgegebenen Inhaltspunkten. In einem Rollenspiel diskutieren die TN über verschiedene Urlaubsziele und einigen sich am Ende.

Abschnitt B: „Wohnen spezial – der neue Trend"
Fertigkeiten: Sprechen
Lernziel: Die TN sprechen über die abgebildeten Möbel und drücken ihr Gefallen oder Nichtgefallen aus.

Abschnitt C: „Risiken erkennen – Gesundheit schützen"
Fertigkeiten: Lesen, Hören, Sprechen
Lernziel: Die TN lesen und bearbeiten Sachtexte zum Thema Gefahrenstoffe. Anschließend lesen und hören sie verschiedene Meinungen dazu. Zuletzt drücken sie in einer Gruppendiskussion ihre eigenen Ansichten aus.

Abschnitt D: „Ein Blick in die Zukunft"
Fertigkeiten: Hören, Sprechen
Lernziel: Die TN sprechen über ihr Nutzerverhalten bei neuen Medien wie Netbooks, Tablets, Smart-Phones etc. Anschließend hören sie ein Radiogespräch mit einem Computerfachmann über „Cloud-Computing"

Fokus Grammatik:
Ortsangaben
Verben und ihre Ergänzungen

Einstiegsseite, S. 61

Hinweis zu den Einstiegsseiten im Unterricht:
Die Einstiegsseiten des Bandes *Ziel* B1+ Kursbuch bieten die Möglichkeit, in den Stoff der jeweiligen Lektion einzusteigen. Sie nehmen in der Regel wenig Zeit in Anspruch und haben das Ziel, die Vorkenntnisse der TN assoziativ zu aktivieren und die folgenden Seiten der Lektion thematisch zu situieren.
Sie bieten aber auch die Möglichkeit, sich gemeinsam über die Lernziele der jeweiligen Lektion zu verständigen und ev. auch Schwerpunkte zu vereinbaren.

Aufgabe 1
Hinweis: In dieser Aufgabe geht es darum, eine Tasse mit einer „Aussage" zu gestalten.
- Einzelarbeit/Partnerarbeit:
Die TN treffen ihre Auswahl. Sie sprechen darüber, welche Tassenform sie wählen und welchen Slogan.

Aufgabe 2
- Plenum:
Die TN zeichnen ihre Tasse an die Tafel.
Hinweis: Bitten Sie die TN, ihre eigene Lieblingstasse in die nächste Unterrichtsstunde mitzubringen.

A Post aus dem Urlaub, S. 62

A1 (kursorisches Lesen)
A1a
- Einzelarbeit:
Die TN überfliegen die Texte und versuchen, möglichst schnell herauszufinden, wer welchen Brief geschrieben hat.

Tipp:
Die TN sollen nicht im Detail lesen, sondern zügig – eine gute Möglichkeit dies spielerisch zu trainieren ist ein kleiner Wettbewerb. Wer die Aufgabe gelöst hat, gibt ein Zeichen. Schreiben Sie die Namen in der Reihenfolge des Fertigwerdens an die Tafel. Die ersten drei TN bekommen eine kleine Belohnung.

A1b
- Einzelarbeit:
Die TN lesen noch einmal, markieren und notieren in die Tabelle.
- Partnerarbeit / Plenum:
Die TN vergleichen zunächst zu zweit, dann im Kurs.

◁ **Arbeitsbuch, S. 83–85 / Übungen 1–3:** Wortschatz (Natur) Je nach Unterrichtsverlauf zur Abwechslung oder als Binnendifferenzierung bei Aufgabe A2 für schnell arbeitende TN. ▷

◁ **Arbeitsbuch, S. 85 + 87 / Übungen 4 + 5:** Grammatik (Ortsangaben mit Präpositionen und Adverbien) Übungen 4a und 5a im Unterricht, restliche Übungen zu Hause. ▷

A2 (Schreiben)
- Plenum:
Fragen Sie die TN: *Was sehen Sie auf den Fotos? Wo könnte das sein?* Vielleicht kennen die TN noch keine Strandkörbe, die typisch für die Urlaubsorte an der Nord- und Ostsee sind. Besprechen Sie mit den TN die Aufgabe. Bitten Sie die TN, sich in Ulli hineinzuversetzen und die Briefformalien (Anrede, Gruß) einzuhalten.
- Einzelarbeit:
Die TN lesen die Aufgabe und schreiben den Brief. TN, die früher fertig sind, können untereinander die Briefe tauschen und sie gegenseitig korrigieren.

◁ **Arbeitsbuch, S. 88 / Übung 6:** Texte bauen (eine Postkarte aus dem Urlaub schreiben) Als Hausaufgabe. ▷

A3 (Sprechen)
A3a
- Plenum:
Besprechen Sie die Aufgabe mit den TN: die TN spielen in Dreiergruppen die Familie aus Aufgabe A1 und diskutieren über das Urlaubsziel für den kommenden Sommer. Dazu sollen die TN in ihrer übernommenen Rolle zuerst über die positiven und negativen Seiten der letzten Urlaube berichten (vgl. Aufgaben A1b, A2). Anschließend plädieren sie für ein Urlaubsziel im nächsten Urlaub (Meer oder Berge). Zum Schluss einigt sich die „Familie" und findet eine Lösung.
- Kleingruppen:
Die TN entscheiden sich für eine Rolle.

A3b
- Einzelarbeit:
Die TN lesen die Aufgabe sowie die Wendungen und Ausdrücke. Dabei markieren sie die für sie interessanten Ausdrücke, die sie nachher im Gespräch verwenden möchten.
- Kleingruppen:
Die TN diskutieren und einigen sich.

A3c
Tipp:
Sie können vor diese Aufgabe auch die Übung 10a im Arbeitsbuch (S. 91) setzen, siehe unten.
- Kleingruppen:
Die TN lesen die Aufgabe und fassen in der Gruppe ihre Diskussion zusammen.
- Plenum:
Jede Gruppe erzählt von ihrem Rollenspiel.

◁ **Arbeitsbuch, S. 88 + 89 / Übungen 7 + 8:** Grammatik (*entweder ... oder, sowohl ... als auch*) ▷

◁ **Arbeitsbuch, S. 90 / Übung 9:** Sätze bauen (sich über Erfahrungen / Vorlieben austauschen und sich einigen) ▷

◁ **Arbeitsbuch, S. 91 / Übung 10:** Texte bauen (eine Entscheidung präsentieren) Sie können die Übung 10a auch vor die Kursbuch-Aufgabe A3c setzen. ▷

B Wohnen spezial – der neue Trend, S. 64

Ba (Sprechen)
■ Plenum:
Besprechen Sie mit den TN die Aufgabe und Foto A. Lassen Sie die Sprechblase dazu lesen.
■ Partnerarbeit:
Die TN lesen und klären gemeinsam die angegebenen Wörter. Danach sprechen sie über die Fotos.

◁ **Arbeitsbuch, S. 91 + 92 / Übungen 11 + 12:** Wortschatz (Wohnen, Möbelstücke, Materialien) ▷

◁ **Arbeitsbuch, S. 93 / Übung 13:** Grammatik (Passiv) Im Unterricht, je nach Vorwissen der TN zur Wiederholung oder Neubesprechung des Passivs. ▷

Hinweis: Gehen Sie bei der Behandlung des Passivs nicht über das Angebot hinaus. Auf dem Sprachstand B1 geht es in erster Linie darum, Passivstrukturen zu verstehen und gegebenenfalls einfache zu formulieren.

Bb
■ Einzelarbeit:
Die TN lesen die Wendungen und Ausdrücke. Dann überlegen sie, welche Möbelstücke ihnen gefallen, welche nicht.
■ Kleingruppen:
Die TN äußern ihre Vorlieben und sprechen über die abgebildeten Möbel.

Fokus Grammatik: Ortsangaben, S. 65

Aufgabe 1
1a
■ Einzelarbeit:
CD 2.10: Die TN schließen die Bücher und hören den Text.
Dann lesen sie und markieren die Ortsangaben.
■ Partnerarbeit:
Die TN vergleichen ihre Lösungen.

1b
■ Plenum:
Fragen Sie die TN: *Wer ist Sascha?* (Der Herr auf dem Foto, der Rosa auf die Nerven geht ...). Lassen Sie die Aufgaben 1 und 2 im Plenum lösen, damit den TN bewusst wird, was das Ziel der Übung ist. Die Wechselpräpositionen sollten zwar bekannt sein (Niveau A2), sind aber möglicherweise nicht gefestigt.
■ Einzelarbeit:
Die TN lösen die Aufgabe.
■ Plenum:
Besprechung der Lösungen.

1c
■ Plenum:
Die TN lesen gemeinsam und kreuzen an.

Aufgabe 2
■ Plenum:
Wiederholen Sie kurz die in der Aufgabe verlangten Präpositionen. Schreiben Sie deshalb folgende Sätze an die Tafel:
Ich gehe ... Arzt, ich bin ... Arzt, ich komme gerade ... Arzt.
In den Ferien fahre ich ... Italien. Ich bin Deutsche, ich komme ... Deutschland.
Morgen fahre ich ... meiner Schwester. Ich bleibe eine Woche ... ihr.
Nach dem Kurs gehe ich ... Hause. Dann esse ich zu Mittag.
Lassen Sie die TN gemeinsam ergänzen. Lesen Sie dann die Aufgabenstellung im Buch.
■ Einzelarbeit:
Die TN ergänzen die Sätze.
■ Partnerarbeit:
Die TN vergleichen ihre Lösungen mit dem Lösungsschlüssel auf S. 103.

Aufgabe 3
■ Plenum:
Die TN beschreiben die Fotos (brennende Töpfe auf einem Herd / ein brennender Adventskranz, ein brennender Laptop). Besprechen Sie dann die kleinen Wörter neben den Fotos und lassen Sie Beispiele entsprechend Ihrer Kurssituation geben. Fragen Sie beispielsweise: *Wo ist der Parkplatz? – Der ist da draußen. / Wo sind die Toiletten? – Die sind da hinten.*
■ Einzelarbeit:
Die TN ergänzen.
■ Plenum:
Vergleich und Besprechung der Lösungen.

C Risiken erkennen – Gesundheit schützen, S. 66

C1 (kursorisches / selektives Lesen)
C1a
- Plenum:

Besprechen Sie die Aufgabe mit den TN, weisen Sie darauf hin, dass die TN wirklich so vorgehen, wie in der Aufgabenstellung beschrieben: Text einmal lesen (ohne Wörterbuch!), Aufgaben lesen, Text noch einmal lesen, Lösung ankreuzen.
- Einzelarbeit:

Die TN lesen und lösen die Aufgaben.

C1b
- Plenum:

Fragen Sie die TN, ob sie diese Symbole kennen und wo sie diese eventuell schon einmal gesehen haben. Lesen Sie mit den TN die Bedeutungserklärungen unter den Symbolen und klären Sie unbekannte Wörter.
- Einzelarbeit:

Die TN lesen die Texte und markieren die Schlüsselwörter. Dann ordnen sie die Symbole zu.
- Partnerarbeit:

Die TN vergleichen die Lösungen miteinander und danach erst mit dem Lösungsschlüssel.

Hinweis: Durch die Partnerarbeit und erst das gemeinsame Vergleichen mit der Lösung vermeiden Sie, dass die TN zu schnell aufgeben und zu schnell die Lösung ansehen.

C1c
- Einzelarbeit:

Die TN lesen die Sprechblasen und ordnen die Texte aus Aufgabe C1b zu.

◁ Arbeitsbuch, S. 93 / **Übung 14**: Wortschatz (Gefahren für Gesundheit und Umwelt) ▷
◁ Arbeitsbuch, S. 94 / **Übung 15**: Sätze bauen (die Meinung sagen) ▷

C2
C2a (kursorisches / selektives Hören)
- Einzelarbeit:

Die TN lesen die Sätze.

CD 2.11: Die TN hören und kreuzen an.

C2b (Sprechen)
- Plenum:

Gehen Sie die Wendungen und Ausdrücke gemeinsam mit den TN durch. Bitten Sie die TN, in der folgenden Diskussion möglichst viele davon zu verwenden.
- Kleingruppen:

Die TN diskutieren.

Fokus Grammatik: Verben und ihre Ergänzungen, S. 68

Aufgabe 1
- Einzelarbeit:

Die TN ergänzen die Sätze.

Aufgabe 2
Hinweis: Dieses Thema ist für die meisten TN schwierig. Deshalb werden sie dankbar sein für möglichst einfache und reduzierte Erklärungen. Klären Sie zuerst, was eine *Ergänzung* ist. Je nach Muttersprache oder Fremdsprachenkenntnissen können die TN auch mit dem Begriff *Objekt (direktes, indirektes Objekt)* etwas anfangen. Gehen Sie auf keinen Fall zu sehr ins Detail, das verwirrt die meisten TN. Als Abgrenzung zur Frage „wen oder was" ist es sinnvoll mit den TN zu besprechen, wie man nach dem Subjekt fragt („wer oder was?"). Auch der Hinweis, dass im Deutschen das Subjekt immer im Nominativ steht, ist hilfreich.
Wichtig dabei ist, dass man den TN zeigen kann: Da der Satzbau im Deutschen nicht so streng festgelegt ist wie etwa im Englischen, bieten in vielen Fällen die Endungen die Orientierungshilfe.
- Einzelarbeit:

Die TN ergänzen die Sätze.
- Partnerarbeit:

Vergleich der Lösungen.

Aufgabe 3
Vorentlastung:
Je nach Vorwissen der TN ist es nötig, die Dativformen der verschiedenen Artikel sowie die Personalpronomen im Dativ zu wiederholen. Entwickeln Sie dazu beispielsweise zusammen mit den TN eine Tabelle an der Tafel, sodass die für die Aufgabe nötigen Formen (bestimmter, unbestimmter Artikel / Possessivartikel / Personalpronomen) an der Tafel stehen. TN, die immer noch Schwierigkeiten mit den Formen haben, sind dann weniger frustriert, wenn sie die Aufgabe lösen.
- Einzelarbeit:

Die TN ergänzen die Sätze.
- Partnerarbeit:

Vergleich der Lösungen.

Aufgabe 4
- Plenum:

Lesen Sie mit den TN die Aufgabenstellung und lassen Sie Teilaufgabe a lösen.
- Einzelarbeit:

Die TN lösen die Aufgaben b–e.
- Plenum:

Besprechung der Aufgaben.

Aufgabe 5
- Plenum:

Fragen Sie die TN, welche Verben mit festen Präpositionen sie kennen, und schreiben Sie die von den TN genannten an die Tafel. Fragen Sie auch, welchen Kasus die jeweilige Verbindung aus Verb und Präposition verlangt. Lassen Sie Beispielsätze formulieren und schreiben Sie diese an die Tafel.
- Einzelarbeit:

Die TN schreiben weitere Beispielsätze.

D Ein Blick in die Zukunft, S. 69

D1

Hinweis zum Sprachgebrauch:
Ein *Computer* heißt im Deutschen auch *Rechner*, die Begriffe *Laptop* und *Notebook* werden synonym gebraucht. Als die ersten tragbaren Computer aufkamen, wurden sie durchwegs als *Laptop* bezeichnet, man konnte sie auf dem Schoß (engl. *lap*) halten und so arbeiten. Später wurden diese Geräte kompakter und leichter, deshalb wurden sie als *Notebook* (Englisch für *Notizbuch*) vermarktet. Deutlich billiger und mit kleineren Festplatten sowie schwächeren Prozessoren ausgestattet sind die *Netbooks*. Nochmal kleiner und vor allem fürs Surfen im Internet gedacht sind die so genannten *Tablet PCs*, unter ihnen das allseits beliebte *iPad*. Das *Smart Phone* hingegen ist ursprünglich den Handys oder Mobiltelefonen zuzurechnen. Allerdings können sie wesentlich mehr als lediglich telefonieren. Mit ihnen kann man im Internet surfen, fotografieren, filmen, E-Mails schicken usw.

D1a
- Plenum:

Die TN betrachten die Fotos. Fragen Sie die TN: *Ist ein Handy ein kleiner Computer?* Die TN diskutieren. Verfahren Sie genauso mit den anderen Fotos. Klären Sie im Anschluss die bei Frage 1 genannten Begriffe (siehe oben Hinweise zum Sprachgebrauch).
- Einzelarbeit:

Die TN ordnen jeder Situation (im Beruf / im Studium etc.) eine Ziffer (1–5) zu.
- Partnerarbeit:

Die TN vergleichen ihre Angaben und lesen gemeinsam die Wörter bei Frage 2. Jeder TN schreibt eine eigene Tabelle auf ein extra Blatt Papier. Im Gespräch mit dem Lernpartner findet jeder TN heraus, was er oder sie mit dem jeweiligen Gerät macht.

D1b
- Plenum:

Die TN erzählen von ihrem Nutzerverhalten. Übertragen Sie die Tabelle an die Tafel. Schreiben Sie die von den TN genannte Aktivität in die Tabelle, wird diese mehrfach genannt, notieren Sie dies mit einem Strich neben dem entsprechenden Wort.

◁ **Arbeitsbuch, S. 95 / Übung 16:** Wortschatz (Computernutzung) ▷
◁ **Arbeitsbuch, S. 96–98 / Übung 17:** Grammatik (Verben und Ergänzungen) ▷

D2 (kursorisches Hören)
Hinweis: Diese Aufgabe ist an Prüfungsaufgaben angelehnt.

D2a
- Einzelarbeit:

Die TN lesen die Aufgabenstellung.
CD 2.12: Die TN hören den Text einmal und kreuzen an.

D2b
- Einzelarbeit:

CD 2.12: Die TN hören den Text noch einmal und kreuzen an.
- Partnerarbeit / Plenum:

Die TN vergleichen ihre Lösungen zuerst zu zweit, dann Besprechung im Kurs.

D2c (Sprechen / Schreiben)
- Plenum:

Stellen Sie den TN die Fragen der Aufgabenstellung. Die TN äußern ihre Meinung und diskutieren im Kurs.
- Einzelarbeit:

Die TN schreiben einen kurzen Kommentar. Dabei sollten sie darauf achten, dass die Sätze nicht isoliert hintereinander stehen.

Arbeitsbuch, „Darüber hinaus"

Hinweis: Der Arbeitsbuchteil „Darüber hinaus" schließt sich an jede Lektion an und beinhaltet Übungen zur Phonetik sowie Übungen zu den B1-Prüfungen. Beide Aufgabentypen eignen sich für zuhause.

◁ **Arbeitsbuch, S. 98 / Übungen 18, 19, 20:** Phonetik ▷
◁ **Arbeitsbuch, S. 99 + 100 / Übung 21:** Übung zu Prüfungen (Leseverstehen) ▷

Lektion 7 Das tut gut!

Worum geht es in der Lektion?

Abschnitt **A: „Wie wir leben ..."**
Fertigkeiten: Lesen, Sprechen
Lernziel: Die TN lesen eine Umfrage, erkennen die wichtigsten Informationen und bewerten die Beiträge. Anschließend diskutieren die TN über die Umfrage und formulieren eigene Wünsche. Zum Schluss wird alles in einem Kommentar schriftlich zusammengefasst. Im Arbeitsbuch wird das Thema *Verben und Ausdrücke mit Infinitiv* behandelt.

Abschnitt **B: „Von Tees, Salben und Tropfen"**
Fertigkeiten: Lesen, Hören, Sprechen
Lernziel: Die TN lesen Produktinformationen. Dann hören sie Gespräche in der Apotheke. Schließlich führen sie selbst Beratungsgespräche.

Abschnitt **C: „Man ist, was man isst"**
Fertigkeiten: Lesen, Sprechen, Schreiben
Lernziel: Die TN lesen einen Magazintext über Ess-Typen und sprechen über ihre eigenen Essgewohnheiten. Anschließend bereiten sie einen Kurzvortrag vor, den sie im Kurs halten. In einer persönlichen E-Mail schreiben sie zum gleichen Thema.

Abschnitt **D: „Die Kraft der Meditation"**
Fertigkeiten: Hören, Sprechen
Lernziel: Die TN sprechen über den Begriff *Meditation*. Dann hören sie ein Interview über die Wirkung von Meditation und sprechen darüber.

Fokus Grammatik:
Infinitiv im Kontext
Modalverben im Kontext

Einstiegsseite, S. 71

Hinweis zu den Einstiegsseiten im Unterricht:
Die Einstiegsseiten des Bandes *Ziel* B1+ Kursbuch bieten die Möglichkeit, in den Stoff der jeweiligen Lektion einzusteigen. Sie nehmen in der Regel wenig Zeit in Anspruch und haben das Ziel, die Vorkenntnisse der TN assoziativ zu aktivieren und die folgenden Seiten der Lektion thematisch zu situieren.
Sie bieten aber auch die Möglichkeit, sich gemeinsam über die Lernziele der jeweiligen Lektion zu verständigen und ev. auch Schwerpunkte zu vereinbaren.

Hinweis zur Landeskunde:
Das hier abgedruckte Gedicht stammt von **Joachim Ringelnatz** (geboren 1883 bei Leipzig, gestorben 1934 in Berlin). Bis heute sind seine oft skurrilen, humoristischen Verse bekannt. Zu Lebzeiten schlug er sich allerdings mehr schlecht als recht durch, hatte diverse Berufe, unter anderem trat er in der Münchner Künstlerkneipe „Alter Simpl" als Kabarettist auf und schrieb für die Satirezeitschrift *Simplicissimus*. 1933 verboten ihm die Nationalsozialisten aufzutreten, seine Werke fielen der Bücherverbrennung zum Opfer. Er starb verarmt an Tuberkulose.

Aufgabe 1 (detailliertes Lesen)
- Partnerarbeit:
Die TN lesen das Gedicht und versuchen, es in die richtige Reihenfolge zu bringen.
CD 2.13: Die TN hören das Gedicht und vergleichen mit ihrer Lösung.

Aufgabe 2
- Partnerarbeit:
Die TN lesen die Sätze und ordnen zu.
- Plenum:
Vergleich der Zuordnungen.

A Wie wir leben ..., S. 72

A1
- Partnerarbeit:
Die TN betrachten die Fotos und beschreiben, was sie sehen.
- Plenum:
Schreiben Sie ein Assoziogramm an die Tafel mit dem Satz „sich wohl fühlen" in der Mitte. Die TN nennen ihre Vorschläge wie im Beispiel. Notieren Sie diese in Stichpunkten im Assoziogramm.

◁ **Arbeitsbuch, S. 101 / Übung 1:** Wortschatz (Freizeitaktivitäten – Wohlbefinden) Als Hausaufgabe. ▷

A2 (kursorisches Lesen)
A2a
- Einzelarbeit:
Die TN lesen erst die Überschriften, dann die Texte ohne Wörterbuch und ordnen zu. Geben Sie ein Zeitlimit und weisen Sie die TN darauf hin, dass sie nicht jedes Wort verstehen müssen.
- Plenum:
Vergleich der Lösungen.

◁ **Arbeitsbuch, S. 101 + 102 / Übungen 2, 3, 4:** Grammatik (Verben und Ausdrücke im Infinitiv) Falls die TN mit diesem Thema sichtbar Probleme haben, können Sie auch den Fokus Grammatik von S. 74 (Kursbuch) vorziehen oder diese Arbeitsbuch-Übungen auf später verschieben. ▷
◁ **Arbeitsbuch, S. 103 / Übungen 5 + 6:** Grammatik *(statt ... zu, ohne ... zu)* ▷

A2b
- Einzelarbeit:
Die TN lesen die Texte noch einmal und markieren die ihrer Meinung nach wichtigsten Informationen.
- Partnerarbeit:
Die TN vergleichen ihre markierten Textstellen.

A2c
- Einzelarbeit:
Die TN kreuzen an.

A2d (Sprechen: Vorschläge bewerten)
- Kleingruppen:
Die TN finden sich in Kleingruppen zusammen, vergleichen ihre Bewertungen von Aufgabe A2c und diskutieren darüber. Lassen Sie vor der Aufgabe die beiden Sprechblasen von zwei TN laut vorlesen. Auf diese Weise verstehen die TN, dass sie nicht nur ihre Meinung vortragen sollen, sondern auch auf die Lernpartner reagieren sollen.

A3 (Sprechen: sich über Wünsche austauschen)
- Einzelarbeit:
Die TN lesen die Aufgabe und notieren drei Dinge, die sie gern ändern würden. Natürlich dürfen und sollen sie auch andere Dinge nennen als in der Aufgabenstellung vorgeschlagen.
- Plenum:
Bitten Sie die TN, ihre Wünsche zu nennen und dabei die in der Aufgabe vorgeschlagenen Strukturen *(Ich hätte gern mehr Zeit für ... / Ich hätte Lust, ... / etc.)* zu verwenden.

A4 (Schreiben: einen Kommentar)
- Einzelarbeit:
Die TN fassen ihre Ergebnisse als Kommentar schriftlich zusammen. Diese Aufgabe sollte direkt im Anschluss an die Aufgaben A2 und A3 erledigt

werden. Da es sich um eine kurze Schreibaufgabe handelt, eignet sie sich sehr gut für den Unterricht. Um den TN den Einstieg zu erleichtern, können Sie an der Tafel Redemittel sammeln, die man braucht, um eine Meinung auszudrücken:

Was XY vorschlägt, finde ich gut / schlecht / interessant / hilfreich / unrealistisch ...
Die Idee von XY finde ich ...
Der Vorschlag von XY gefällt mir (nicht).
Der Vorschlag, ... zu ..., ist gut / nicht gut.

◁ **Arbeitsbuch, S. 103 + 104 / Übung 7:** Sätze bauen (Vorschläge bewerten / eigene Wünsche äußern) ▷
◁ **Arbeitsbuch, S. 104 / Übung 8:** Texte bauen (einen Kommentar schreiben) ▷

Fokus Grammatik: Infinitiv im Kontext, S. 74

Aufgabe 1
- Einzelarbeit:
Die TN lesen die Sätze und markieren wie im Beispiel.
- Plenum:
Lassen Sie die TN zuerst die einleitenden Sätze vorlesen, die im Buch blau unterstrichen sind. Danach nennen die TN die Infinitivformen. Schreiben Sie diese an die Tafel und fragen Sie die TN nach dem Prinzip der Infinitivbildung *(Bei trennbaren Verben kommt das „zu" zwischen Präfix und Infinitiv, bei allen anderen Verben ist das „zu" getrennt vom Infinitiv).* Thematisieren Sie auch den Infinitiv Passiv (Satz f). Hier steht zuerst das Partizip II, dann das Wörtchen „zu" und schließlich der Infinitiv des Verbs *werden*.
Fragen Sie die TN, nach welchen Verben kein Infinitiv mit „zu", sondern nur der reine Infinitiv steht (Modalverben, Satz i).
Hinweis: In dieser Aufgabe 1 geht es darum, Infinitiv-Konstruktionen zu erkennen und zu verstehen. Aufgabe 2 zeigt den Rahmen auf, den die TN auch produktiv beherrschen sollten. Die Aufgaben 3 und 4 präsentieren noch einmal ein Phänomen (Rezeption) und eine Regel, einige entsprechende produktive Anwendungen werden dann im AB geübt.

Aufgabe 2
2a
- Plenum:
Lesen Sie mit den TN die Aufgabenstellung. Lassen Sie ein oder zwei Beispiele zum ersten Ausdruck *(Ich habe heute keine Lust, ...)* formulieren.
- Einzelarbeit:
Die TN schreiben ihre Sätze.
- Partnerarbeit:
Die TN vergleichen ihre Lösungen.

2b
- Einzelarbeit:
Die TN ergänzen die Sätze.
- Plenum:
Die TN lesen ihre Sätze vor.

Aufgabe 3
- Plenum:
Bitten Sie die TN, ihnen bekannte Verben mit Präpositionen zu nennen und schreiben Sie diese an die Tafel (zum Beispiel *denken an, sich interessieren für, sich freuen auf, achten auf, erinnern an, sprechen von* etc.)
- Einzelarbeit:
Die TN lesen und markieren wie im Beispiel.
- Plenum:
Lassen Sie die markierten Wörter vorlesen und schreiben Sie diese an die Tafel.
Tipp:
Falls Sie die Übung 4 im Arbeitsbuch auf S. 102 noch nicht gemacht haben, empfiehlt sie sich an dieser Stelle, um das soeben Besprochene einzuüben.

Aufgabe 4
- Einzelarbeit:
Die TN lesen die Sätze.
- Plenum:
Fragen Sie, ob die TN die Sätze verstehen. Erklären Sie im Bedarfsfall die Bedeutung.
- Einzelarbeit:
Die TN versuchen, in die Muttersprache oder eine ihnen gut bekannte Fremdsprache zu übersetzen.

B Von Tees, Salben und Tropfen, S. 75

B1 (selektives Lesen)
B1a
- Plenum:
Fragen Sie die TN, ob sie die abgebildeten Produkte oder ähnliche kennen und ob sie sie verwenden.
- Einzelarbeit:
Die TN lesen die kurzen Begleittexte und unterstreichen die wichtigsten Informationen.

B1b
- Einzelarbeit:
Die TN lesen die Aufgabenstellung und ordnen zu.
- Partnerarbeit:
Die TN vergleichen ihre Lösungen.

◁ **Arbeitsbuch, S. 105 + 106 / Übungen 9 + 10:** Wortschatz (Gesundheit) ▷
◁ **Arbeitsbuch, S. 107 / Übung 11:** Grammatik (*bei* und *gegen* Krankheiten) ▷

B2 (kursorisches, selektives Hören)
B2a
- Plenum:
Besprechen Sie die Aufgabe.
- Einzelarbeit:
CD 2.14–17: Die TN hören und kreuzen an.

B2b und B2c
- Plenum:
Fragen Sie die TN, welche Produkte in Aufgabe B1 besprochen wurden und schreiben Sie diese an die Tafel.
- Partnerarbeit:
Die TN lösen die Aufgaben gemeinsam.
- Einzelarbeit:
Spielen Sie bei Bedarf die Hörtexte noch einmal vor.
- Plenum:
Besprechung der Lösungen.

◁ **Arbeitsbuch, S. 107–110 / Übungen 12 + 13:** Grammatik (Modalverben) ▷
◁ **Arbeitsbuch, S. 110 / Übung 14: Sätze bauen** (über das Befinden sprechen) ▷
◁ **Arbeitsbuch, S. 110 / Übung 15: Sätze bauen** (jemandem etwas raten) Gut als Vorbereitung für Aufgabe B3 im Kursbuch S. 76. ▷

☐ Box: Bewegung und Entspannung im Unterricht, S. 70 ☐

B3 (Sprechen: ein Beratungsgespräch führen)
- Plenum:
Besprechen Sie die Aufgabe. Lassen Sie die TN aufstehen. Vielleicht haben Sie gerade die oben empfohlenen Bewegungs- und Entspannungsübungen machen lassen. Dann sollen die TN stehen bleiben. Die TN finden sich in Zweiergruppen zusammen.
- Partnerarbeit:
Die TN lesen die Rollen und entscheiden sich für Rolle A oder B. Sie spielen ihre Gespräche im Stehen, das ist realistischer und bringt den Kreislauf in Schwung.
Bitten Sie die TN, ihre Gespräche noch einmal zu führen und dabei die Bücher wegzulegen.
- Plenum:
Lassen Sie einzelne Paare die Gespräche ohne Buch vorspielen.

C Man ist, was man isst, S. 77

C1
C1a (kursorisches Lesen)
- Einzelarbeit:
Die TN lesen die Texte und kreuzen nach ihren persönlichen Vorlieben an. Geben Sie ein Zeitlimit und bitten Sie die TN, relativ schnell zu lesen. Es geht nicht darum, jedes Wort zu verstehen, lediglich die Idee ist wichtig.

◁ **Arbeitsbuch, S. 111–113 / Übungen 16–18:** Wortschatz (Lebensmittel und Ernährung) Gut geeignet als Binnendifferenzierung für TN, die Aufgabe C1a im Kursbuch sehr schnell erledigen. ▷

C1b
- Plenum:
Besprechen Sie die Aufgabe mit den TN.
- Kleingruppen:
Die TN fassen ihre Ergebnisse aus Aufgabe C1a zusammen.
- Plenum:
Einzelne TN jeder Gruppe fassen kurz zusammen, was in der jeweiligen Gruppe gesagt wurde.

◁ **Arbeitsbuch, S. 113 + 114 / Übung 19: Sätze bauen** (einen Kurzvortrag halten) ▷
◁ **Arbeitsbuch, S. 114 + 115 / Übung 20: Texte bauen** (einen Kurzvortrag halten) ▷

C2a + b (Sprechen: einen kurzen Vortrag halten)
- Plenum:
Erklären Sie den TN die Aufgabe. Sprechen Sie gemeinsam die systematische Vorgehensweise auf S. 100 und 101 durch. Weisen Sie auf die Wendungen und Ausdrücke hin und bitten Sie die TN, diese zu verwenden.
- Kleingruppen / Einzelarbeit:
Die TN bereiten ihre Vorträge vor.
- Kleingruppen:
Die TN halten ihren kurzen Vortrag.
Hinweis: Diese Aufgabe orientiert sich ebenfalls an einer B1-Prüfung. Sollten Ihre TN eine solche Prüfung ablegen wollen, ist es sinnvoll, genau auf die Anforderungen einzugehen.

Hinweis zur Kursorganisation:
Falls Sie mehrere TN aus einem Land im Kurs haben, können Sie diese als Gruppe zusammenfassen und das Thema „So isst man in meinem Heimatland" gemeinsam bearbeiten lassen. Für das Thema „So esse ich" empfiehlt sich eher Einzelarbeit.
Wenn ihre Unterrichtszeit knapp bemessen ist, können Sie die Vorbereitungsphase auch nach Hause verlagern und die Vorträge im Unterricht halten lassen. Um langwierige und langweilige Vortragsphasen zu vermeiden, empfiehlt es sich, den Kurs in kleinere Gruppen aufzuteilen und innerhalb der Gruppen alle TN vortragen zu lassen.

C3 (Schreiben: eine persönliche E-Mail)
- Einzelarbeit:
Die TN legen den Inhalt ihres Vortrags schriftlich in Form einer E-Mail nieder.

D Die Kraft der Meditation, S.78

D1

D1a
- Plenum:
Fragen Sie die TN, was Meditation ist und ob sie das selbst schon einmal gemacht haben. Kennen die TN jemanden, der das regelmäßig macht? Wie genau geht das?

D1b
- Einzelarbeit:
Die TN lesen die Aufgabe und die Sprechblasen.
- Kleingruppen:
Die TN sprechen darüber, was man mit Meditation erreichen kann.

◁ **Arbeitsbuch, S. 115 / Übung 21:** Grammatik (Bedingungssatz mit *wenn*) ▷
◁ **Arbeitsbuch, S. 116 / Übung 22:** Grammatik (irrealer Bedingungssatz mit *wenn*) Je nach Vorwissen der TN müssen Sie an dieser Stelle eventuell eine kurze Wiederholung der Konjunktiv-II-Formen einschieben. ▷

D2 (kursorisches Hören)

D2a
- Einzelarbeit:
Die TN lesen die Aufgaben von Aufgabe D2b.

D2b
- Einzelarbeit:
CD 2.18: Die TN hören das Interview. Während des Hörens oder danach kreuzen sie an.
- Partnerarbeit / Plenum:
Die TN vergleichen ihre Lösungen zuerst zu zweit, dann im Kurs.

Hinweise zur Landeskunde:
Meditation wird mit den Begriffen *nachdenken*, *sinnende Betrachtung* und *religiöse Versenkung* in Verbindung gebracht. Ursprünglich eher im religiösen und spirituellen Kontext praktiziert, wird Meditation heute auch als Methode zur Beruhigung und Entspannung gesehen.
Dr. Eckart von Hirschhausen: Der 1967 geborene Arzt wechselte bereits kurz nach seiner Promotion Mitte der 90er Jahre und einer Tätigkeit als Wissenschaftsjournalist seinen Beruf und wurde Fernsehmoderator und Kabarettist. Ende 2008 gründete er die Stiftung *Humor hilft heilen – für mehr gesundes Lachen im Krankenhaus.*

◁ **Arbeitsbuch, S. 116 / Übung 23:** Sätze bauen (über ein Angebot nachdenken) Übung 23a ist eine gute Vorbereitung für Aufgabe D3. ▷

D3 (Sprechen)
- Einzelarbeit:
Die TN lesen die Aufgabe und überlegen, was sie tun würden.
- Kleingruppen:
Die TN sprechen über ihre Vorlieben.

Fokus Grammatik: Modalverben im Kontext, S. 79

Hinweis zur Kursorganisation: In homogenen Gruppen überlegen die TN zunächst für sich und dann gemeinsam im Plenum, was die verschiedenen Beschreibungen wie „*Möglichkeit ausdrücken*" heißen und wie man das jeweils in ihrer Muttersprache ausdrückt. In stark heterogenen Gruppen müssen die TN das jeweils für sich entscheiden, als KL fehlt einem da auch die Möglichkeit der Kontrolle. Eine mögliche Hilfe ist dann, verschiedene Szenen darzustellen und zu überlegen, welches Modalverb in der Situation passt. In solchen heterogenen Gruppen sollte man den Austausch zwischen TN, die dieselbe Muttersprache haben, fördern.

Aufgabe 1

1a
- Einzelarbeit / Partnerarbeit:
Die TN überlegen, was der Begriff „*Möglichkeit ausdrücken*" heißt.
- Einzelarbeit:
Die TN lesen die Sätze.

1b
- Einzelarbeit:
Die TN schreiben die Sätze.
- Plenum:
Die TN lesen ihre Sätze laut vor und vergleichen im Kurs.

Aufgabe 2

2a
- Einzelarbeit / Partnerarbeit:
Die TN überlegen, was der Begriff „*Fähigkeit ausdrücken*" heißt.
- Einzelarbeit:
Die TN lesen die Sätze.

2b
- Einzelarbeit:
Die TN schreiben auf, was sie besonders gut können.
- Partnerarbeit:
Die TN vergleichen ihre Sätze.

Aufgabe 3
- Einzelarbeit / Partnerarbeit:
Die TN überlegen, was der Begriff „*Erlaubnis und Verbot ausdrücken*" heißt.

- Einzelarbeit:
Die TN lesen die Sätze.

Aufgabe 4
- Einzelarbeit:
Die TN lesen die Aufgabe und die Sätze.
- Einzelarbeit / Partnerarbeit:
Die TN übersetzen die Sätze allein oder zusammen mit einem TN derselben Muttersprache.

Aufgabe 5
- Einzelarbeit:
Die TN lesen und ergänzen. Dann vergleichen sie mit dem Lösungsschlüssel auf S. 103.

Aufgabe 6 und 7
- Einzelarbeit:
Die TN lesen die Sätze.
- Plenum:
Wiederholen Sie an dieser Stelle gegebenenfalls die Formen von *können* und *sollen* im Konjunktiv II.

Arbeitsbuch, „Darüber hinaus"

Hinweis: Der Arbeitsbuchteil „Darüber hinaus" schließt sich an jede Lektion an und beinhaltet jeweils eine Übung zur Phonetik sowie Übungen zu den B1-Prüfungen. Beide Aufgabentypen eignen sich für zuhause.

◁ **Arbeitsbuch, S. 117 / Übung 24:** Phonetik (lange und kurze Vokale, Wortakzent) ▷
◁ **Arbeitsbuch, S. 117 + 118 / Übung 25:** Übungen zu Prüfungen (Leseverstehen) ▷
◁ **Arbeitsbuch, S. 118 / Übung 26:** Übungen zu Prüfungen (Hörverstehen) ▷

Lektion 8 Gut, obwohl ...

Worum geht es in der Lektion?

Abschnitt **A**: „**Hauptsache teilnehmen**"
Fertigkeiten: Lesen, Sprechen
Lernziel: Die TN lernen eine besondere Wettkampfart durch Fotos und einen Text kennen. Im Anschluss diskutieren sie in kleinen Gruppen darüber.

Abschnitt **B**: „**Goldene Hochzeit**"
Fertigkeiten: Lesen, Sprechen, Schreiben
Lernziel: Eine Einladung zu einer Goldenen Hochzeit wird gelesen. Die TN bedanken sich und reagieren auf die Einladung in einem Rollenspiel telefonisch. Schließlich formulieren sie die Absage in einer Grußkarte schriftlich.

Abschnitt **C**: „**Freche Frauen?**"
Fertigkeiten: Lesen, Hören, Sprechen
Lernziel: Die TN lesen eine Statistik zum Thema *Frau und Beruf*. Anschließend lernen sie anhand eines Hörtextes und zwei Gesprächen die spezielle Situation einer Familie kennen. Sie sprechen über die Statistik und überlegen, was sie in dieser besonderen Situation gemacht hätten. Als Grammatik-Themen werden der Konjunktiv II sowie das Futur in seiner modalen Funktion besprochen.

Fokus Grammatik:
kein-, nicht, aber, zwar ... aber, obwohl, trotzdem
Fokus Grammatik: Konjunktiv II – im Kontext

Einstiegsseite, S. 81

Hinweis zu den Einstiegsseiten im Unterricht:
Die Einstiegsseiten des Bandes *Ziel* B1+ Kursbuch bieten die Möglichkeit, in den Stoff der jeweiligen Lektion einzusteigen. Sie nehmen in der Regel wenig Zeit in Anspruch und haben das Ziel, die Vorkenntnisse der TN assoziativ zu aktivieren und die folgenden Seiten der Lektion thematisch zu situieren.
Sie bieten aber auch die Möglichkeit, sich gemeinsam über die Lernziele der jeweiligen Lektion zu verständigen und ev. auch Schwerpunkte zu vereinbaren.

Aufgabe 1
- Einzelarbeit:
Ohne die Frage von Aufgabe 2 zu kennen, betrachten die TN die Fotos und schreiben ihre Assoziationen auf. Ziehen Sie dazu die Fotos eventuell auf eine Folie, damit die Bücher geschlossen bleiben können.
- Plenum:
Sammeln Sie die Assoziationen pro Foto an der Tafel. Lassen Sie die TN auch beschreiben, was sie sehen.

Aufgabe 2
- Plenum:
Klären Sie die Aufgabe 2 im Kurs. Es sollten alle TN verstehen, dass sie im Namen von Lia oder Fiona oder Constantin oder Vincent bzw. Henrike eine E-Mail an die Redaktion der Zeitschrift schreiben sollen. In dieser E-Mail sollen sie im Namen ihrer ausgewählten Person begründen, warum sie das abgebildete Foto zuschicken und warum das auf dem Foto dargestellte Wetter ihr Lieblingswetter ist. Dabei sollen sie auch das Foto beschreiben.
- Einzelarbeit:
Die TN schreiben die E-Mail.

Zusatzaufgabe:
Wenn Ihre TN im deutschen Sprachraum Deutsch lernen, dann bietet sich die folgende Aufgabe an.
- Plenum:
Schreiben Sie die Frage „Was ist Ihr Lieblingswetter?" an die Tafel. Lassen Sie die TN erzählen. Fragen Sie auch, wie den TN das Wetter am Kursort gefällt und wie das Wetter in ihrem Heimatland ist. Besprechen Sie dann die Aufgabe mit den TN.
- Einzelarbeit:
Die TN schreiben ein E-Mail zu dem Thema an einen anderen TN im Kurs.

A Hauptsache teilnehmen, S. 82

A1 (kursorisches Lesen)
A1a
- Einzelarbeit:
Die TN betrachten die Fotos und lesen die Sätze.
- Plenum:
Die TN äußern ihre Vermutungen zu den Fotos.

A1b
- Einzelarbeit:
Die TN lesen den Text und markieren die entsprechenden Textstellen.

A2 (selektives Lesen)
- Einzelarbeit:
Die TN lesen noch einmal und kreuzen an.
- Plenum:
Besprechen Sie mit den TN die Lösungen aus Aufgabe A1b und A2. Klären Sie eventuelle Schwierigkeiten im Text.

◁ **Arbeitsbuch, S. 119 + 120 / Übungen 1:** Wortschatz (Sport) Je nach Unterrichtsverlauf zur Abwechslung oder als Binnendifferenzierung bei den Aufgaben A1 und A2 für schnell arbeitende TN. ▷

A3 (Sprechen)
- Plenum:
Besprechen Sie die komplette Aufgabe mit den TN. Lesen und klären Sie gemeinsam mit den TN die Argumente (A3a) und die Maßnahmen (A3b).

A3a
- Einzelarbeit:
Die TN lesen die Argumente noch einmal und entscheiden, welche sie gut oder nicht gut finden.

A3b
- Kleingruppen:
Die TN diskutieren und finden möglicherweise weitere Argumente und Maßnahmen. Sie einigen sich und notieren eine Begründung für ihre Entscheidung.
- Plenum:
Ein TN pro Gruppe fasst das Gruppenergebnis zusammen. Ermutigen Sie solche TN, die sonst immer sehr zurückhaltend sind, das zu tun. Ein anderer TN der jeweiligen Gruppe notiert die Stichworte an der Tafel. Anschließend vergleichen Sie mit den TN die Entscheidungen der Gruppen.

◁ **Arbeitsbuch, S. 120 + 121 / Übung 2:** Grammatik (Negation) ▷
◁ **Arbeitsbuch, S. 121 + 122 / Übung 3:** Grammatik (etwas einräumen) ▷
◁ **Arbeitsbuch, S. 122 / Übung 4:** Grammatik (einen Widerspruch / Gegensatz formulieren) ▷
◁ **Arbeitsbuch, S. 123 / Übung 5:** Sätze bauen (Meinung formulieren, irreale Bedingung) ▷
◁ **Arbeitsbuch, S. 123 + 124 / Übungen 6-8:** Texte bauen (Bericht, Kurzvortrag über Ergebnisse einer kontroversen Diskussion) Sie können

diese Übungen begleitend zur Aufgabe A3 im Kursbuch einsetzen oder Sie geben die Übungen zur Nachbereitung als Hausaufgabe. ▷

B Goldene Hochzeit, S. 84

B1
Vorentlastung:
In heterogenen Kursen bietet es sich an, darüber zu sprechen, wann man normalerweise heiratet, wie das gefeiert wird, ob es Feiern gibt, mit denen man die Dauer der Hochzeit feiert bzw. das Ehegelöbnis wiederholt usw.

Hinweis zur Landeskunde:
Im deutschen Sprachraum sind folgende Bezeichnungen für Hochzeitstage allgemein üblich: Silberhochzeit / Silberne Hochzeit (nach 25 Jahren), Goldene Hochzeit (nach 50 Jahren) und Diamantene Hochzeit (nach 75 Jahren). Diese drei werden größer gefeiert, wobei vor allem die Goldene Hochzeit oft von einem Gottesdienstbesuch und einem erneuten Eheversprechen begleitet wird. In der Regel feiert man die Goldene Hochzeit in einem größeren und festlichen Rahmen.

B1a (kursorisches Lesen)
■ Einzelarbeit:
Die TN lesen die Aufgabenstellung und die Einladung.
Hinweis: Stellen Sie sicher, dass Ihre TN die Perspektive der Aufgabe, also den Charakter des Rollenspiels verstehen. Sie sollen sich in die Lage der eingeladenen Person versetzen.

Hinweis zur interkulturellen Betrachtung:
Es ist vielleicht interessant, im Kurs darüber zu sprechen, welche Art von Einladungen man leicht absagen kann und bei welchen man eher versuchen sollte, die Einladung anzunehmen. Zu letzteren gehören die Einladung zu einer (goldenen) Hochzeit oder zu einer Taufe, zu einem runden Geburtstag. Meistens auch Einladungen, die länger im Voraus geplant werden.

B1b
■ Einzelarbeit:
Die TN lesen die Aufgabenstellung sowie die Argumente und überlegen, ob sie zu dem Fest fahren möchten oder nicht.

B1c
■ Kleingruppen:
Die TN lesen die Sprechblasen und die Wendungen und Ausdrücke. Dann erklären sie, was ihre Meinung ist und warum.

B1d
■ Einzelarbeit:
Jeder TN entscheidet definitiv für sich, ob er fährt oder nicht.
■ Plenum:
Machen Sie eine Kursstatistik. Wie ist die Tendenz der Gruppe? Wie viele TN „gehen zum Fest"?

◁ Arbeitsbuch, S. 125 / **Übung 9**: Grammatik (einen Widerspruch / Gegensatz formulieren) ▷
◁ Arbeitsbuch, S. 126 / **Übung 10**: Sätze bauen (laut überlegen) Sie können diese Übung auch als Vorbereitung vor die Aufgabe B1c im Kursbuch S. 85 setzen. ▷

B2 (Sprechen: auf eine Einladung reagieren)
■ Plenum:
Besprechen Sie die Aufgabe, lesen Sie mit den TN die Rollenkarten und gehen Sie die Wendungen und Ausdrücke durch.
■ Partnerarbeit:
Die TN entscheiden sich für eine Rolle und spielen das Telefongespräch. Danach tauschen sie die Rollen.
■ Plenum:
Lassen Sie einzelne Telefonate vorspielen. Authentisch wird es, wenn die TN Rücken an Rücken sitzen und einander nicht sehen können.

◁ Arbeitsbuch, S. 127 / **Übung 11**: Sätze bauen (eine Einladung annehmen bzw. absagen; auf eine Ab- bzw. Zusage reagieren) ▷

B3 (Schreiben)
■ Plenum:
Besprechen Sie die Aufgabe mit den TN. Suchen Sie mit den TN die passenden Wendungen und Ausdrücke für die Leitpunkte 2–6 und schreiben Sie diese an die Tafel.
■ Einzelarbeit:
Die TN wählen eine Grußkarte aus und schreiben den Text.

◁ Arbeitsbuch, S. 128 + 129 / **Übung 12**: Texte bauen (eine freundliche Absage schreiben) ▷

Fokus Grammatik: *kein-, nicht, aber, zwar ... aber, obwohl, trotzdem*, S. 86

Aufgabe 1
■ Einzelarbeit:
Die TN lesen die Sprechblasen.

Aufgabe 2
2a
■ Einzelarbeit:
Die TN ergänzen die Sätze.

- Partnerarbeit:
Die TN vergleichen ihre Lösungen und kontrollieren anhand des Lösungsschlüssels auf S. 103.

2b
- Partnerarbeit:
Die TN lesen und lösen die Aufgabe gemeinsam.

Aufgabe 3
3a
- Plenum:
Fragen Sie die TN, ob sie wissen, an welcher Position im Satz das Wort *aber* steht. Die TN lesen die Beispielsätze.
Hinweis: Auf Niveau B1 wird lediglich die 0-Position bei *aber* besprochen. Möglicherweise fragen manche TN, ob man nicht auch sagen könnte: „Ich möchte ins Theater, ich bin aber zu müde." Oder: „Ich gehe jeden Abend spazieren, heute sehe ich aber lieber fern." Bejahen Sie dies, aber gehen Sie nicht näher auf die Regeln ein. Für das Niveau B1 genügt es, wenn man die 0-Position bei *aber* beherrscht. Hier kann man den TN auch erklären, dass es ein produktives Wissen gibt, das wäre in diesem Fall die 0-Position bei *aber* als Widerspruch, und ein rezeptives Wissen, das wäre hier das Verstehen von *aber* auf anderen Positionen.

3b
- Einzelarbeit:
Die TN übersetzen im Kurs gemeinsam (heterogene Gruppen – die TN übersetzen und vergleichen mit TN, die dieselbe Muttersprache haben).

Aufgabe 4
- Einzelarbeit:
Die TN ergänzen die Sätze.
- Plenum:
Die TN vergleichen die Lösungen.

C Freche Frauen? S. 87

C1
C1a
- Einzelarbeit:
Die TN lesen die Aufgabe, betrachten die Fotos und entscheiden sich.
- Plenum:
Die TN tauschen ihre Meinungen aus.

C1b
- Einzelarbeit:
Die TN lesen die Aufgabe und überlegen, ob sie die Stelle annehmen würden oder nicht.
- Kleingruppen:
Die TN diskutieren über ihre Entscheidungen.

- Plenum:
Machen Sie eine kleine Kursstatistik an der Tafel. Wie viele TN würden Stelle A oder B annehmen?

◁ Arbeitsbuch, S. 130 / **Übung 13: Wortschatz (rund um den beruflichen Alltag)** ▷

C2 (detailliertes Lesen / Sprechen)
C2a
- Plenum:
Die weiblichen TN entscheiden sich aufgrund ihrer eigenen Lebenserfahrung spontan. Bitten Sie die männlichen TN, sich in die Lage einer Frau zu versetzen und / oder an die Frauen in ihrer Familie, im Freundeskreis zu denken, und dabei zu entscheiden, was einer Frau wichtig sein könnte .
- Einzelarbeit:
Die TN lesen und kreuzen an.

C2b
- Plenum:
Schreiben Sie die von den TN angekreuzten Punkte an die Tafel und machen Sie eine Strichliste. Fragen Sie am Ende: „Welcher Punkt wurde am häufigsten genannt?" „Welche Punkte sind Frauen laut unserer Kursstatistik am wichtigsten / weniger wichtig / überhaupt nicht wichtig?"

C2c
- Plenum:
Die TN sprechen im Kurs darüber, wie sie persönlich angekreuzt haben und erläutern ihre Entscheidung.

C2d
- Einzelarbeit:
Die TN lesen die Statistik auf S. 99 und markieren die Ergebnisse, die gleich sind wie bei der Kursstatistik von Aufgabe C2b, und diejenigen, die sehr abweichen.
- Kleingruppen:
Die TN sprechen über die Statistik im Kursbuch im Vergleich zu den Ergebnissen im Kurs.
- Plenum:
Fragen Sie die TN, was sie an der Statistik im Kursbuch überraschend fanden und was sie so erwartet hatten.
Hinweis: Hier können die TN auch überlegen, welche Gründe es für die Überschneidungen bzw. Abweichungen geben kann. Das wäre eine Aufgabenstellung, die schon in den Unterricht zur Erlangung des Sprachstandes B2 überleitet.

◁ Arbeitsbuch, S. 131 / **Übung 14: Sätze bauen (über Statistiken sprechen)** Diese Übung eignet sich gut im Anschluss an Aufgabe C2d im Kursbuch, S. 87. Die TN arbeiten zu zweit und ergänzen die Sätze. Anschließend werden die Sätze im Plenum zusammengetragen und an der Tafel notiert. ▷

C3

C3a
- Einzelarbeit:
Die TN betrachten die Fotos und kreuzen an.
- Plenum:
Die TN äußern ihre Vermutungen.

C3b (kursorisches Hören)
- Einzelarbeit:
CD 2.19: Die TN hören das erste Gespräch.
- Partnerarbeit:
Die TN sprechen darüber, was sie gehört und verstanden haben.

C3c (kursorisches Hören)
- Einzelarbeit:
Die TN lesen die Aussagen 1–10.
CD 2.19 + 20: Die TN hören das erste und das zweite Gespräch. Danach kreuzen sie an.
- Partnerarbeit:
Die TN vergleichen ihre Lösungen.
- Plenum:
Sprechen Sie mit den TN über die beiden Gespräche. Was haben die TN angekreuzt? Lassen Sie die TN die Situation zusammenfassen, damit allen klar ist, was hier passiert ist: *Es geht um eine Familie, die im Raum Düsseldorf wohnt. Die Mutter ist Lebensmittelingenieurin und Topmanagerin in einem internationalen Konzern mit Sitz in Zürich. Sie arbeitet offensichtlich in Zürich. Der Mann ist zuhause und betreut die Kinder. Er möchte aber wieder in seinen Beruf zurückgehen. Deshalb hat die Familie eine Anzeige in die Zeitung gesetzt. Eine Angestellte für Haushalt und Kinderbetreuung von 12.00 bis 18.00 Uhr wird gesucht (also für die Zeit, in der die Kinder aus der Schule kommen, Mittagessen brauchen usw.) Die Mutter entscheidet sich aber dafür, bei der Firma zu kündigen und sich ihrer Familie und den Kindern zu widmen. Das hat sie aber mit ihrer Familie wohl nicht besprochen. Deshalb „bewirbt" sie sich beim Vater auf die Anzeige, um ihn auf diese Weise über ihre Entscheidung in Kenntnis zu setzen. Im zweiten Gespräch spricht sie in der Firma ihre Kündigung aus. Der Leiter der Personalabteilung ist sehr überrascht.* In diesen Gesprächen kommen die Aspekte zur Sprache, die auch die aktuelle Diskussion beherrschen: Eigenständigkeit in der Entscheidung von Frau und Mann, Gleichstellung aller Möglichkeiten, Gleichbewertung aller Möglichkeiten, Variabilität der Möglichkeiten usw. (Bei dieser Geschichte handelt es sich um die in den beiden Dialogen frei umgesetzte Version einer wahren Begebenheit, die wie in C3d dargestellt, auch sehr unterschiedlich kommentiert wurde.)

C3d (detailliertes Lesen)
- Einzelarbeit:
Die TN lesen die Kommentare und kreuzen die an, für die sie Verständnis haben.

◁ **Arbeitsbuch, S. 131 / Übung 15: Grammatik (Futur)**
Da die Verwendung des Futurs im Deutschen für die TN möglicherweise im Hinblick auf die Verwendung in der Muttersprache ungewöhnlich ist, empfiehlt es sich, die Übung im Unterricht machen zu lassen und zu besprechen. Gehen Sie nicht zu sehr ins Detail, die Futurform und ihre Verwendung werden in *Ziel* B2, Band 1 noch dem Zielniveau B2 entsprechend behandelt. Bei Übung 15a sollen die TN lediglich erkennen, dass das Futur (u. a.) Folgendes ausdrücken kann: eine Vermutung, eine Prognose, ein festes Versprechen und einen Vorsatz. Übung 15b liefert Beispiele im Kontext. Alle diese Bedeutungen haben natürlich einen Zukunftsbezug. Wichtig dabei ist, dass im Deutschen die temporale Zukunft (das heißt, nach menschlichem Ermessen des Sprechers wird das und das gemacht oder eintreten) meist durch ein Präsens mit entsprechender Zeitangabe ausgedrückt wird: *„Jetzt im Juli bleiben wir zu Hause, wir fahren erst im August in Urlaub." „Ich hole dich morgen um 7.30 ab und bringe dich zum Flughafen."* (Man kann sich darauf verlassen, dass die Person um 7.30 da ist.) ▷

◁ **Arbeitsbuch, S. 132 + 133 / Übungen 16–21: Grammatik (Formen und Funktionen des Konjunktivs II)** Im Unterricht oder als Hausaufgabe. Obwohl der Konjunktiv II mit seinen Formen und Funktionen bekannt sein sollte, eignen sich diese Übungen für den Unterricht. Meistens gibt es noch Unsicherheiten, die auf diese Weise geklärt werden können. Siehe auch Fokus Grammatik, Kursbuch S. 89. ▷

C4 (Sprechen)
- Plenum:
Fragen Sie die TN, was sie in der Situation von Frau Müller gemacht hätten. Lassen Sie auch die Sprechblasen lesen.
- Kleingruppen:
Die TN diskutieren und äußern ihre Meinungen. Bitten Sie die TN, möglichst auch Konjunktiv-II-Formen zu verwenden.

◁ **Arbeitsbuch, S. 134 / Übung 22: Sätze bauen (etwas bewerten, Überraschung / Enttäuschung ausdrücken)** ▷

Weiterführende Aufgabe:
Es bietet sich hier an, die Situation auf einer abstrakteren Ebene zu diskutieren: Welche Rolle spielt die Familie in der Gesellschaft, welche Aufgaben hat wer in der Gesellschaft wahrzunehmen, welche Möglichkeiten muss / sollte die Gesellschaft den Familien bieten / gewährleisten, um auch die Persönlichkeit des einzelnen zu schützen? Welche Rolle sollte die Großelterngeneration spielen bzw. welche Rolle spielt sie in den deutschsprachigen Ländern …

Fokus Grammatik: Konjunktiv II im Kontext, S. 89

Aufgaben 1 bis 6:
▪ Plenum:
Besprechen Sie die Aufgaben mit den TN. Gehen Sie die Beispielsätze mit den TN durch, bevor Sie sie übersetzen lassen. Die Sätze müssen in ihrer Bedeutung und in der jeweiligen Funktion klar sein.
▪ Partnerarbeit / Einzelarbeit:
Hinweis: Die TN überlegen, welche Entsprechung es in der Muttersprache / in einer anderen Sprache für die Sätze gibt. Auch hier gilt: In homogenen Gruppen arbeiten zunächst Kleingruppen / Partner zusammen, die Ergebnisse werden dann im Plenum besprochen; in heterogenen Gruppen arbeiten die TN mit gleichen Sprachkenntnissen (Muttersprache oder sehr gut beherrschte Zweitsprache) zusammen. Die anderen TN müssen allein überlegen.

Arbeitsbuch, „Darüber hinaus"

Hinweis: Der Arbeitsbuchteil „Darüber hinaus" schließt sich an jede Lektion an und beinhaltet Übungen zur Phonetik sowie Übungen zu den B1-Prüfungen. Beide Aufgabentypen eignen sich für zuhause.

◁ **Arbeitsbuch, S. 134 / Übung 23:** Phonetik (Satzakzent) ▷
◁ **Arbeitsbuch, S. 135 / Übung 24:** Übung zu Prüfungen (Leseverstehen) ▷
◁ **Arbeitsbuch, S. 136 / Übung 25:** Übung zu Prüfungen (Sprachbausteine) ▷

methodisch-didaktische Boxen

1. Arbeitsbuch
Arbeit mit dem Arbeitsbuch und dem Lösungsschlüssel

Das Arbeitsbuch ist ein Instrumentarium, das die TN beim Wiederholen und Erweitern der Sprachkenntnisse und damit beim Festigen des Sprachstandes B1 unterstützt. Deshalb sind die Übungseinheiten in ganz bestimmte Sequenzen eingeteilt:

▶ **WORTSCHATZ:** Wortschatzarbeit bedeutet für die TN auch schon auf B1 die Erarbeitung von Wortnetzen, also Wörtern, die zu einem bestimmten Themengebiet gehören. Der Wortschatzerwerb besteht aber nicht nur aus dem Erlernen von Einzelwörtern. Darüber hinaus werden in der Regel Wortverbindungen und Chunks angeboten. Die Sätze, in denen die Wörter vorkommen, sind nach Sinnzusammenhang, Gebrauchsschwerpunkt und Frequenz ausgesucht worden. In vielen unterschiedlichen Übungs- und Aufgabentypen werden verschiedene Lernertypen angesprochen.
Da der Wortschatz nicht nur im Sinne einer Wortliste, sondern vielmehr in Inhaltszusammenhängen aufgebaut wird, kommt dem Lösungsschlüssel eine große Bedeutung zu: Der Lösungsschlüssel ist kein Mittel, um festzustellen, wie viele Aufgaben der TN korrekt gelöst hat, sondern er soll ihn dabei unterstützen, richtige Lösungen zu finden.

▶ **GRAMMATIK:** In der Grammatik geht es darum, Phänomene in ihrer Funktion zu verstehen, Anwendungsmöglichkeiten (nach Intention) zu systematisieren, dann aber auch das Regelwerk des speziellen Phänomens zu verstehen und anzuwenden. Den Hinweis bietet das blaue G am Seitenrand im Kursbuch. Dort finden sich auch Schlagwörter zu den Grammatikthemen und die Übungsnummern im Arbeitsbuch. Auch hier ist der Lösungsschlüssel ein Hilfs- und kein Kontrollmittel.

▶ **SÄTZE BAUEN:** Hier geht es darum, Wendungen und Ausdrücke (sowohl der gesprochenen als auch der geschriebenen Sprache) zu verstehen und anzuwenden: Dazu gibt es für die TN Übungen und Aufgaben, die ihnen zunächst helfen sollen, die Intention und die Anwendungsbereiche der betreffenden Wendungen und Ausdrücke zu verstehen. Dann wird die Anwendung geübt, d. h. in der Regel werden dem TN Inhalte angeboten (als Hörtext, als Lesetext, als Sprechblase, als Dialogausschnitt, als Zeichnung, als Foto), die er der beschriebenen Situation entsprechend mithilfe der Wendungen und Ausdrücke versprachlichen muss. Die Verweise zu den Übungen im Arbeitsbuch stehen im Kursbuch am Seitenrand. Der Lösungsschlüssel dient als Hilfsmittel.

▶ **TEXTE BAUEN:** Diese Sequenz hat eine ähnliche Funktion wie die Sequenz SÄTZE BAUEN, nur werden hier auch die üblichen Strukturen bestimmter Textsorten geübt. Der Lösungsschlüssel kann in diesem Fall nur Musterlösungen anbieten, an denen sich die TN aber von der Länge und vom Niveau her orientieren können. Die Verweise zu den Übungen stehen am Seitenrand im Kursbuch.

▶ **PHONETIK:** Am Ende der Lektion unter dem Titel *Darüber hinaus* finden sich Übungen zur Aussprache.

▶ **ÜBUNGEN ZU PRÜFUNGEN:** Am Ende der Lektion unter dem Titel *Darüber hinaus* finden sich Übungen zu den Prüfungen der Niveaustufe B1. Diese haben das Ziel, mit bestimmten Aufgabentypen vertraut zu machen, die in Prüfungen vorkommen können. Sie können ganz individuell während des Kursverlaufs oder gebündelt am Ende eines Kurses gelöst werden. Sie ersetzen jedoch kein gezieltes Prüfungstraining. Materialien mit Mustertests zu den Prüfungen B1 sind separat erhältlich.
Die Kennzeichnung *Wiederholung* (rot) und *Vertiefung* (braun) dient der Binnendifferenzierung. Es sei aber darauf hingewiesen, dass die roten Aufgaben das Erlernen der sprachlichen Phänomene in einem A2- oder B1-Kurs nicht ersetzen.
Die Aufgaben zur Vertiefung gehen über den Lernstoff der Stufe B1+ hinaus. Sie greifen komplexere Aspekte der Grammatik auf oder vertiefen den Wortschatz zu bestimmten Themen. Oder aber sie enthalten eine etwas schwierigere Schreibaufgabe.
Die Lerner-CD-ROM: Dem *Arbeitsbuch* ist eine CD-ROM beigefügt, die vor allem das selbstständige Lernen und Reflektieren der TN unterstützen soll. Neben den Lösungen zum Arbeitsbuch finden die TN hier folgendes:
– Hörtexte des Arbeitsbuchs (mp3).
– Gesamtübersicht der Grammatik: Da es sich um einen Wiederholungskurs handelt, sind im Rahmen der Grammatik des Sprachniveaus B2 diejenigen Grammatikaspekte gelb gekennzeichnet, die im B1-Unterricht schon behandelt werden. Die beiden Niveaustufen B1 und B2 ergeben das Gesamtniveau.
– Lernwortschatz in Form einer Liste, auch im rtf-Format zur selbstständigen Bearbeitung.
– Wendungen und Ausdrücke in Form einer Liste, auch im rtf-Format zur selbstständigen Bearbeitung.

methodisch-didaktische Boxen

– Lernerportfolio zur Selbstevaluation.
Weisen Sie die TN möglichst früh auf dieses Instrumentarium hin. Im Idealfall haben Sie einen Computerraum oder einen Beamer zu Verfügung, um die vielfältigen Möglichkeiten der CD-ROM aufzuzeigen.

2. Binnendifferenzierung
Binnendifferenzierung nach Lernzielen

Mit dem Begriff Binnendifferenzierung werden im Lehrwerk *Ziel* B1+ verschiedene Bereiche bezeichnet, nämlich Binnendifferenzierung nach Lernzielen, also nach Sprachstand, nach Interesse und nach Schnelligkeit bzw. Lernstärke.

▶ **Lernziel allgemein:** Je nachdem, welche Ziele die einzelnen Lerner verfolgen, können inhaltliche Schwerpunkte gesetzt sowie bestimmte Zusatzmaterialien eingesetzt werden. Dabei bildet das Kursbuch mit seinen acht Lektionen die Grundlage des Spracherwerbs. Gemeinsames Ziel aller TN ist es ja, den Sprachstand B1 zu festigen und B1+ zu erreichen. Was bedeutet in diesem Sinne B1+? Einen gesicherten selbstständigeren Umgang mit Sprache auf dem Sprachstand B1 und eine Hinführung zu Fragestellungen und Aufgabentypen, die eine Brücke zur Spracharbeit im Sprachkurs bilden, der zum Niveau B2 führt.
Trotzdem kann man, je nach Kurszusammensetzung, manche Abschnitte der Lektionen nur kurz, andere hingegen ausführlicher durchnehmen. Tipps dazu gibt es immer wieder in den Hinweisen zum Unterrichtsverlauf im Lehrerhandbuch.

▶ **Lernziel: Prüfung:** Lerner, die dieses Ziel verfolgen, sollten im Lernerportfolio prüfungsorientiert ihre Wendungen und Ausdrücke sammeln, die Rubrik ÜBUNGEN ZU PRÜFUNGEN sowie die prüfungsvorbereitenden Materialien bearbeiten. Außerdem wäre es ratsam, alle blauen Übungen vollständig zu bearbeiten.

▶ **Lernziel: Festigung der Grammatik:** Dies ist eine häufige Motivation der TN. Machen Sie den TN jedoch deutlich, dass die Grammatik nur **ein** Werkzeug ist. Ihre Beherrschung allein führt nicht zum Ziel, sondern ihre Umsetzung in Kombination mit den Wendungen und Ausdrücken. Im Lehrwerk *Ziel* B1+ finden sich allerdings viele Möglichkeiten, die Grammatikkenntnisse der Niveaustufe B1 zu wiederholen und zu festigen. Die Fokus-Grammatik-Seiten und die zahlreichen Übungen und Aufgaben zu einzelnen Grammatikthemen bieten Grammatik orientierten TN die Sicherheit, die sie brauchen.

Lerner-CD-ROM: Darauf finden die TN eine genaue, detaillierte Gesamtübersicht der Grammatik. Es werden dort alle Grammatikthemen von *Ziel* B1+ und *Ziel* B2 zusammengefasst, und zwar als pdf-Datei zum Nachschlagen und als rtf-Datei zum Bearbeiten. So können sich die TN bestimmte Schwierigkeiten markieren, diese kontrastiv bearbeiten oder mit Erklärungen der / des KL erweitern usw.

▶ **Lernziel: Erweiterung des Wortschatzes:** Wir unterscheiden in *Ziel* B1+ zwischen aktivem und rezeptivem Wortschatz. Natürlich wird auch im Kursbuch mit Wortschatz gearbeitet: Vorhandenes Wissen wird aktiviert und dann erweitert. Auf der Lerner-CD-ROM findet der TN zu jeder Lektion den ausgewiesenen Lernwortschatz, als pdf und als rtf-Datei. Die rtf-Datei kann er individuell bearbeiten und mit Wörtern und festen Ausdrücken seines Interessengebiets erweitern.
Die zahlreichen Übungen und Aufgaben im Arbeitsbuch dienen der Erweiterung des aktiven Wortschatzes. Die Zusammenstellung der Wortnetze im Arbeitsbuch basiert auf den allgemein zugänglichen Wortlisten von B1-Prüfungen. TN, die ihren persönlichen aktiven Wortschatz erweitern möchten, finden in den Wortlisten zu den einzelnen Lektionen ein gutes Hilfsmittel. Die Wortlisten können sie auf der Lerner-CD-ROM individuell bearbeiten.

▶ **Lernziel: Verbesserung der produktiven Sprachanwendung:** Sprechen und Schreiben. Diesem Lernziel dienen neben dem normalen Unterricht die Aufgaben und Übungen im Arbeitsbuch unter SÄTZE BAUEN und TEXTE BAUEN: Dahinter verbirgt sich ein Schreib- und Sprechtraining mit einer außerordentlich hohen Zahl an unterschiedlichen Übungstypen, sodass verschiedene Lernerpersönlichkeiten angesprochen werden können. Die Textsorten, die produktiv erstellt werden, richten sich nach den Textsorten der Niveaubeschreibung (Gemeinsamer Referenzrahmen für Sprachen), aber auch nach den Prüfungsanforderungen. Die Textmuster oder Textraster, die bei den Übungen TEXTE BAUEN angeboten werden, können auch als generelle Referenz betrachtet werden und werden den TN helfen, ähnliche Aufgabentypen mit mehr Sicherheit zu meistern.

methodisch-didaktische Boxen

Binnendifferenzierung nach Sprachstand
Der Aufbau des Kursbuchs mit seinen kurzen Lektionen und den Verweisen auf das Arbeitsbuch bietet der / dem KL ausreichend Möglichkeit, für die TN unterschiedliche Aufgaben und Übungen herauszusuchen bzw. im Kurs zu entscheiden, welche Lerninhalte für den gesamten Kurs notwendig sind (siehe auch: *Arbeit mit dem Arbeitsbuch und dem Lösungsschlüssel*). In den Hinweisen zum Unterrichtsverlauf im Lehrerhandbuch findet die / der KL darüber hinaus zahlreiche Anregungen.

Binnendifferenzierung nach Schnelligkeit und Lernstärke der TN
Gerade die umfangreichen Arbeitsbuch-Übungen ermöglichen es Ihnen, schnellere TN sinnvoll zu beschäftigen. So erhalten auch die langsameren TN die Chance, eine Übung oder eine Aufgabe in Ruhe im Unterricht zu Ende zu bringen. In den Hinweisen zum Unterrichtsverlauf im Lehrerhandbuch findet die/der KL zahlreiche Anregungen dazu.

3. Lesen
Das Trainieren von Lesestrategien
Beim Lesen gibt es verschiedene Lesestrategien, die in dem Lehrwerk *Ziel* B1+ geübt werden sollen. In der Inhaltsübersicht im Kursbuch (S. 6–9) finden Sie einen Hinweis auf die Strategien, die bei den jeweiligen Texten zum Einsatz kommen. Die Fragestellungen zum Leseverstehen sind so formuliert, dass sie jeweils eine der Lesestrategien abrufen bzw. trainieren. Machen Sie den TN immer wieder bewusst, dass die gestellte Frage und die Dauer der Lesezeit einen direkten Bezug zueinander haben: Je tiefer durch die Fragestellung in den Text eingestiegen wird, desto komplexer werden die Antworten und desto länger wird auch die benötigte Lesezeit.

▶ **Orientierendes Lesen:** Hier genügt in der Regel ein Blick auf die Überschrift und den einleitenden Abschnitt, um die Frage zu beantworten. Es soll z. B. lediglich die Textart erkannt werden bzw. anhand einer Überschrift auf den Inhalt des Artikels oder des Buches geschlossen werden.

▶ **Selektives Lesen:** Hierbei liest man nur oberflächlich und konzentriert sich darauf, bestimmte Stichworte und die dazugehörenden Informationen zu erkennen, beispielsweise beim Lesen von Stellenanzeigen darüber, welche Qualifikationen verlangt werden.

▶ **Kursorisches Lesen:** Dabei wird ein Text relativ schnell gelesen. Im Anschluss daran sollten sich Fragen beantworten lassen, die die Hauptaussagen des Textes betreffen. Einzelinformationen, die nur durch ein detailliertes Lesen erkannt werden können, werden hier nicht verlangt.
Vor allem das schnelle Lesen muss oft erst trainiert werden. Besonders wichtig ist diese Vorgehensweise für TN, die eine Prüfung ablegen wollen, denn so lässt sich viel kostbare Zeit einsparen. Eine gute Zeiteinteilung ist in Prüfungen essenziell.

▶ **Detailliertes Lesen:** Der Text soll nun auch in Details verstanden werden. Es werden zu bestimmten Inhalten Einzelinformationen abgefragt, erste Ansätze von interpretatorischen Kommentaren sind erwünscht. Für den Unterricht bedeutet dies, dass Sie unbekannten Wortschatz sowie neue Satzstrukturen gegebenenfalls klären sollten.
Für das detaillierte Lesen im Kurs bieten sich verschiedene Vorgehensweisen an:

1. Variante:
Lassen Sie einen Text zuerst still lesen. Fordern Sie die TN auf, dies ohne Wörterbuch zu tun (siehe auch *Der Umgang mit schwierigen Texten, S. 59*). Danach versuchen die TN, unbekannte Wörter und unklare Textpassagen in Partnerarbeit zu entschlüsseln. Schritt für Schritt wird der Text anschließend im Plenum besprochen. Fragen Sie stellenweise nach, was dieses oder jenes Wort bedeutet. Lassen Sie immer zuerst die TN erklären. Wenn ein TN die Bedeutung eines Wortes wissen möchte, fragen Sie zunächst die anderen TN, ob ihnen das Wort bekannt ist und sie es erklären können. Helfen Sie selbst erst dann mit einer Erklärung, wenn der Kurs zu keiner Lösung kommt.

2. Variante:
Die TN lesen den Text zunächst still in Einzelarbeit. Danach gehen immer so viele TN zusammen in eine Gruppe, wie der Text Abschnitte hat. Der Text wird nun unter den Gruppenmitgliedern aufgeteilt. Jeder Einzelne nimmt sich einen Absatz vor, liest ihn noch einmal und formuliert, je nach Länge des Absatzes, bis zu fünf schriftliche Fragen dazu. Diese werden dann den anderen Gruppenmitgliedern gestellt und, je nach Vorgabe, in Einzelarbeit bzw. in der Gruppe mündlich oder schriftlich beantwortet. Man kann auch eine kleine Rallye daraus machen. Dazu schreiben die TN ihre Fragen auf Kärtchen. Reihum werden die Fragen gestellt, wobei das entsprechende Kärtchen dem Gefragten vorgelegt wird. Weiß der TN die Antwort, darf er das Kärtchen behalten und die nächste Frage stellen. Weiß er keine Antwort, wird die Frage so lange weitergereicht, bis sie beantwortet

methodisch-didaktische Boxen

ist. Weiß niemand die Antwort, antwortet der Autor der Frage selbst, darf das Kärtchen aber nicht behalten.

3. Variante:
Wie Variante 2, nur dass jetzt so viele Gruppen wie Textabschnitte gebildet werden. Jede Gruppe bearbeitet einen Abschnitt und bereitet schriftlich Fragen dazu vor. Diese Fragen werden im Anschluss mit einer Gruppe, die einen anderen Abschnitt bearbeitet hat, ausgetauscht und schriftlich beantwortet.

Mit steigendem Sprachstandniveau nehmen die Leseanforderungen zu: Das kursorische Lesen begleitet die Lerner bis ins höhere Niveau, jedoch nimmt das selektive Lesen auf B2-Niveau ab und wird auf C1-Niveau so gut wie gar nicht mehr trainiert. Auf B2-Niveau nimmt das detaillierte Lesen hingegen stark zu. Auf C1-Niveau steht es dann im Zentrum. Das Lernerportfolio (siehe eingelegte Lerner-CD-ROM) unterstützt den TN beim erkennen und verinnerlichen von Lesestrategien.

Der Umgang mit schwierigen Texten
Auf dieser Stufe sollten die TN bereits anfangen, eine Strategie zu entwickeln, mit deren Hilfe sie Texte, die eigentlich über ihrem aktiven sprachlichen Niveau liegen, lesen und verstehen können. Die TN sollten nicht zu viele Wörter nachschlagen, sondern nur die zum Verständnis des Textes wichtigen. Ermutigen Sie die TN, Fantasie zu entwickeln, um die Lücken sinngemäß aus dem Kontext zu ergänzen (vgl. auch *Strategien zum Erschließen unbekannter Wörter*, S. 62). Die TN müssen lernen, sich damit zufrieden zu geben, Texte nur „so ungefähr" zu verstehen. Es hilft sehr, wenn man viel liest, und zwar alles, was einen thematisch interessiert.

Lautes Lesen im Plenum
Generell sollten im Unterricht nur Texte laut vorgelesen werden, welche die TN selbst produziert haben, z. B. Dialoge oder Aufgaben. Auch bei phonetischen Übungen ist es manchmal notwendig, Texte nachzusprechen bzw. laut zu lesen. Vorleseübungen beanspruchen viel Kurszeit und können bei den Zuhörern zu Langeweile führen, wenn der Text lang ist oder nicht gut gelesen wird. Vorlesen kann man in der Regel nur, wenn man auch in der Muttersprache vorlesen kann. Vorlesen hat viel mit Wahrnehmungspsychologie zu tun; das kann der DaF/DaZ-Unterricht nicht leisten.

4. Hören
Der Umgang mit Hörtexten
Anhand von Hörtexten werden verschiedene Strategien trainiert, die sowohl im Alltag wichtig sind, als auch zum Lösen diverser Prüfungsaufgaben benötigt werden. Man unterscheidet vier Arten des Zuhörens, auf die in diesem Buch vor den Hörübungen immer hingewiesen wird:
▶ **Orientierendes Hören:** Die TN konzentrieren sich darauf, den Text global zu erfassen und das Thema sowie den Gesamtzusammenhang zu erkennen. Die zentralen Fragen sind: Worum geht es? Was ist das Thema? Wer spricht? Wie viele Leute sprechen?
▶ **Kursorisches Hören:** Hierbei geht es darum, die Hauptaussagen des Textes, den sogenannten roten Faden, zu erkennen.
▶ **Selektives Hören:** Die TN sollen aus dem Hörtext bestimmte Informationen heraushören, die zur Lösung der Aufgabe benötigt werden. Der restliche Hörtext ist für die Aufgabenstellung nicht relevant.
▶ **Detailliertes Hören:** Hierbei müssen sich die TN auf Details konzentrieren. Sehr oft heißt es in der Aufgabenstellung: „Haben Sie folgende Sätze gehört? Ja/ Nein."

Wie hört man „richtig" zu?
Geben Sie Ihren TN den Tipp, dass es beim ersten Zuhören sinnvoll ist, die Bücher und eventuell sogar die Augen zu schließen. So lässt man sich weniger leicht ablenken und kann sich besser auf das Gehörte konzentrieren. Wichtig ist auch, dass die TN sich auf das konzentrieren, was sie verstehen, und nicht auf das, was sie nicht verstanden haben. Sie konzentrieren sich dabei auf die Inhalte und Zusammenhänge, die in der Aufgabenstellung verlangt werden. Mit etwas Fantasie und Routine kann man die unklaren Passagen aus dem Kontext im Kopf ergänzen. Wenn Sie Ihren TN diese Lernstrategie demonstrieren möchten, können Sie folgendermaßen vorgehen: Kopieren Sie irgendeinen Text (bei homogenen Gruppen gern auch in der Muttersprache), in den Sie einige Lücken „einbauen". Die TN ergänzen die Lücken aus dem Kontext. Diese Strategie ist besonders bei Hörtexten nützlich. In der Muttersprache wendet man sie automatisch an, wenn man z. B. Radio hört und ein Wort nicht mitbekommt.

Wie oft soll man einen Text vorspielen?
Das kommt sehr auf die Gruppe, die Kursumstände (findet der Kurs in einem deutschsprachigen Land oder im Ausland statt?) und die jeweilige Aufgabenstellung an. Manchmal ist es sinnvoll, eine Hörübung ohne Wiederholung lösen zu lassen. So lernen die TN, dass bestimmte Aufgaben auch dann gelöst wer-

methodisch-didaktische Boxen

den können, wenn man nicht alles oder sogar relativ wenig verstanden hat. Andererseits ist es für die TN durchaus motivierend, wenn sie bei wiederholtem Hören jedes Mal mehr mitbekommen. Beobachten Sie Ihre TN und fragen Sie diese, ob sie den Hörtext noch einmal hören möchten. Sie sollten allerdings im Auge behalten, ob im Kursbuch selbst noch mehrmaliges Hören vorgesehen ist.
Einige Prüfungen arbeiten mit Hörtexten, die nur einmal gehört werden. Hier empfiehlt sich dann ein Prüfungstraining.

Das Trainieren von Hörstrategien
Ebenso wie beim Lesen gibt es auch beim Hören verschiedene Strategien. In der Inhaltsübersicht und hier im Lehrerhandbuch finden Sie eine genaue Beschreibung der Hörstrategien, die bei den einzelnen Aufgaben geübt werden. Die Fragestellungen sind so formuliert, dass sie jeweils eine der Lesestrategien abrufen bzw. trainieren. Machen Sie den TN immer wieder bewusst, dass die Aufgabenstellung und die Frage, wie oft ein Text gehört wird, sehr viel miteinander zu tun haben. Je komplexer die Aufgabenstellung gehalten ist, desto öfter muss der Hörtext gehört werden und desto ausführlicher fallen die Antworten aus.
Orientierendes Hören: Hier genügt in der Regel ein erster Höreindruck, d.h. aufgrund des gehörten Titels, der Einleitung oder der ersten Sequenz soll z. B. die Textart erkannt werden bzw. auf den Inhalt des Hörtextes geschlossen werden.
Selektives Hören: Es handelt sich hier um ein oberflächliches Hören, bei dem man sich darauf konzentriert, bestimmte Schlüsselwörter und die dazugehörenden Informationen herauszuhören. Man darf sich nicht von anderen Informationen oder unverstandenen Passagen irritieren lassen. Der Text wird ein- oder zweimal gehört.
Kursorisches Hören: Das kursorische Hören betrifft zwar den ganzen Text, aber nur in seinen Hauptaussagen; Einzelinformationen, die nur durch ein detailliertes Hören erkannt werden können, werden nicht verlangt. Der Text wird in der Regel ein- oder zweimal gehört. Auch hier sollten sich die TN nicht von unverstandenen Passagen irritieren lassen.
Detailliertes Hören: Der Text soll nun in allen Details verstanden werden.
Es werden Einzelinformationen abgefragt, interpretatorische Kommentare sind erwünscht. Natürlich erfordert ein detailliertes Hören in der Regel eine mehrmalige Wiederholung.

Mit steigendem Sprachstandniveau nehmen auch die Höranforderungen zu: Das kursorische Hören begleitet die Lerner bis ins höhere Niveau, jedoch nimmt das selektive Hören auf B2-Niveau ab und wird auf C1-Niveau so gut wie gar nicht mehr trainiert. Auf B2-Niveau nimmt das detaillierte Hören zu. Detailliertes Hören ist aber nur mit relativ kurzen Texten möglich.
Das Lernerportfolio (siehe eingelegte Lerner-CD-ROM) unterstützt den TN beim Erkennen und Verinnerlichen von Hörstrategien.

5. Wortschatz, Wendungen und Ausdrücke – Grammatik
Wortschatzarbeit auf den Stufen B1, B1+ und B2
Während Kursteilnehmer im Anfängerbereich den Eindruck haben, sie lernten schnell dazu, setzt auf der fortgeschrittenen Stufe oft Frustration ein, weil man den Eindruck hat, zu stagnieren und keine signifikanten Fortschritte mehr zu machen. Das liegt zum einen daran, dass die Fortschritte auf den Niveaus A1 und A2 sehr greifbar sind und oft an den neu gelernten Grammatikkapiteln festgemacht werden – nach dem Motto „ich habe heute das Perfekt gelernt, morgen lernen wir den Konjunktiv". Zum anderen lernt man am Anfang neues Vokabular fast nebenher und bewegt sich noch im konkreten Wortschatzbereich. Die Wörter *Stuhl, Tisch, Bett* kann man sich leichter merken, als zum Beispiel die reflexiven Verben. Dazu kommen die vielen Wortverbindungen, Wendungen und Ausdrücke, die ein gehobeneres Sprachniveau ausmachen.
Wenn die TN das Niveau B1 erreicht haben, haben sie zwar oft das Gefühl, dass sie sich nicht angemessen ausdrücken können, wissen aber häufig nicht, dass es am Vokabular liegt. Oft meinen die Lerner, es wird zu wenig Grammatik gelernt, also zu wenig gemacht, das man als „gelernt" abhaken kann. *Ziel* B1+ wiederholt und festigt systematisch den B1 Wortschatz. Damit wir die Grundlage dafür geschaffen, selbstständig mit dem Zuwachs an Wortschatz in B2 umzugehen. Wörter lassen sich am besten auf der Basis vorhandenen Wissens lernen, in Kontexten im Sinne der Erweiterung, die sich auf höherem Niveau zunehmend auch individualisiert.
Ab dem Niveau B2 wachsen die Anforderungen, die im Hinblick auf die Sprachproduktion an den TN gestellt werden, damit das Lernen und Anwenden von Wendungen und Ausdrücken. Auch darauf bereitet *Ziel* B1+ vor. In *Ziel* B2 Band 1 sind die Sprachhandlungen – um den Übergang von B1 zu B2 Schritt für Schritt aufzubauen – noch eher persönlicher gehalten und werden dann in Band 2 komplexer und allgemeiner.

methodisch-didaktische Boxen

Wortschatzarbeit mit *Ziel* B1+

Kursbuch: Vorhandenes Wissen wird aktiviert und neuer Wortschatz dazugelernt. Zu Beginn jeder Lektion werden die TN auf dem Sprachstandsniveau abgeholt, auf dem sie sich gerade befinden. Danach führt jede Lektion neben einzelnen Wörtern oder Wortverbindungen bestimmte, ausgewählte Wendungen und Ausdrücke ein. Diese werden oft gemeinhin als Redemittel bezeichnet. Da sie aber nicht nur für die gesprochene Sprache, sondern auch für die geschriebene Sprache und mit wachsendem Sprachstand manchmal nur für den einen oder den anderen Bereich von Bedeutung sind, wird in *Ziel* von *Wendungen und Ausdrücken* gesprochen.

Welches Themengebiet hinsichtlich der Wortschatzarbeit in jeder Lektion behandelt wird, sieht man unter dem Begriff *Wortnetze* im Kursbuch auf den Übersichtsseiten 6–9. Dieses Vokabular wird auch in den Arbeitsbuch-Übungen in der Rubrik *Wortschatz* geübt (siehe unten).

Am Ende jeder Lektion sind die Wendungen und Ausdrücke zusammengefasst. Dort werden natürlich immer nur die neuen aufgelistet, d. h. in den Aufgaben werden die Wendungen und Ausdrücke der vorangegangenen Lektionen vorausgesetzt.

Sinnvoll ist es, die TN bei der Arbeit mit *Ziel* B1+ dazu anzuhalten, nicht nur die Wendungen und Ausdrücke der A2- und B1-Stufe zu verwenden, die sie schon können, sondern sich auch die neuen aktiv anzueignen.

Arbeitsbuch: Es gilt, die Wörter, Wendungen und Ausdrücke so im Gedächtnis zu verankern, dass sie abrufbar und situationsgerecht einsetzbar sind. Dazu dienen die vielen Übungen im Arbeitsbuch. Es wird berücksichtigt, dass das menschliche Gehirn nicht statisch ist und neue Informationen an bekannte angeknüpft werden. Bei einem Wiederholungs- und Vertiefungsbuch sind es immer andere Beispielsätze oder Übungen, die der eine oder andere TN schon zu beherrschen glaubt. Auch dann sollte er die Übungen machen, denn je vielfältiger ein Wort vernetzt ist, desto besser wird es gespeichert und kann wieder abgerufen werden (es gibt Forschungsergebnisse, die darauf hinweisen, dass ein Wort im Durchschnitt erst dann wirklich im Langzeitgedächtnis verankert ist, wenn man es 80 Mal bewusst wahrgenommen hat). Auf dieser Erkenntnis basiert das Arbeitsbuch, wo der Wortschatz unter verschiedenen Gesichtspunkten geübt wird. Zum einen gibt es die Übungen mit dem Titel *WORTSCHATZ*. Hier werden so genannte Wortnetze erarbeitet, d. h. Wörter und Wortverbindungen, die zu einem bestimmten Themengebiet gehören. Bei der Entwicklung der Übungen wurde darauf geachtet, dass die Sätze in einem Sinnzusammenhang stehen. Auch der Gebrauchsschwerpunkt und die Häufigkeit, in der die Wörter vorkommen, wurden beachtet.

In der Rubrik *SÄTZE BAUEN* geht es darum, Wendungen und Ausdrücke (sowohl der gesprochenen als auch der geschriebenen Sprache) zu verstehen und anzuwenden. Dazu gibt es zunächst Übungen, die helfen sollen, die Intention und die Anwendungsbereiche der betreffenden Wendungen und Ausdrücke zu verstehen. Danach wird die Anwendung geübt. In der Regel werden dem TN dazu Inhalte angeboten (in Form eines Hör- oder Lesetextes, als Sprechblase, Dialogausschnitt, Zeichnung oder Foto), die er der beschriebenen Situation entsprechend mithilfe der Wendungen und Ausdrücke sprachlich umsetzen muss.

Die Sequenz *TEXTE BAUEN* hat eine ähnliche Funktion wie die Sequenz *SÄTZE BAUEN*, nur werden hier auch die üblichen Strukturen bestimmter Textsorten geübt. Der Lösungsschlüssel kann in diesem Fall nur Musterlösungen anbieten, an denen sich die TN aber hinsichtlich Länge und Niveau orientieren können.

Lerner-CD-ROM: Hier findet der TN zwei Arten von Listen. Zum einen den **Lernwortschatz**, der pro Lektion die Lernwörter aus dem Kurs- und Arbeitsbuch enthält, sortiert nach Nomen, Verben, Adjektiven und sonstigen Wörtern. Diese Wortschatzlisten können am Computer mit den Mitteln der Textverarbeitung selbst bearbeitet werden. Man kann Wörter markieren, kopieren, ergänzen, sortieren, löschen und ausdrucken.

Zum anderen gibt es die Datei *Wendungen und Ausdrücke*. Diese Liste enthält alle Wendungen und Ausdrücke der Lektionen 1–8. Sie sind geordnet nach folgenden übergeordneten Kommunikationszielen: Grüße und Glückwünsche formulieren / über Vorlieben und Geschmack sprechen / Vorschläge machen und sich einigen / Ratschläge und Empfehlungen / Vermutungen formulieren / Wünsche formulieren / Aufträge und Anträge formulieren / auf etwas reagieren / die eigene Meinung sagen / einen kurzen Vortrag halten / ein Ergebnis präsentieren / Probleme beschreiben. (Diese sind so natürlich auch für die mündlichen Prüfungen relevant.)

Die TN werden dazu angehalten, mit der Liste aktiv am Computer zu arbeiten. Um die Wendungen und Ausdrücke zu lernen, können sie beispielsweise zu jeder Gesprächssituation Wendungen und Ausdrücke auswählen, die ihnen persönlich zusagen. Man kann eine Sammlung erstellen, die man gezielt für eine Prüfung braucht und lernen möchte. Es ist möglich, die Wendungen und Ausdrücke der Datei zu markieren, sie in eine eigene Liste zu kopieren, sie zu ergänzen und zu löschen.

methodisch-didaktische Boxen

Auch im so genannten *Lernerportfolio* auf der Lerner-CD-ROM gibt es pro Lektion die Möglichkeit, über die in der Lektion gelernten Wendungen und Ausdrücke nachzudenken, die für die eigene Lernerpersönlichkeit geeigneten auszuwählen und sie aus den Listen in diese Dateien zu kopieren.

Es sollten aber auf keinen Fall Listen von Wendungen und Ausdrücken losgelöst von Inhalten auswendig gelernt oder in Tests ohne Kontext abgefragt werden. Dadurch gelangen sie nicht in den aktiven Sprachgebrauch.

Die Arbeit mit dem Wörterbuch
Vielen TN ist auf dieser Stufe noch nicht bewusst, wie viele Informationen man aus guten Wörterbüchern herausholen kann. Wichtigste Voraussetzung: Man hat ein wirklich gutes Wörterbuch und weiß damit umzugehen. Auf B1+ Niveau, auf der Schwelle zu B2, sollten die TN zu Hause ein zweisprachiges Wörterbuch mit, wenn möglich, mindestens 200.000 Stichwörtern sowie ein einsprachiges Wörterbuch zur Verfügung haben. Für den Unterricht tut es auch ein kleineres zum Mitnehmen, das nicht so schwer ist. Erklären Sie anhand eines Beispiels, wie man feststellt, ob das Wörterbuch gut ist. Lassen Sie die TN z. B. das Verb *bestehen* suchen. Es sollten an dieser Stelle in dem Wörterbuch alle Varianten erscheinen: etwas bestehen (z. B. *eine Prüfung*), bestehen im Sinn von existieren (*es besteht das Risiko, dass ... / dieser Klub besteht seit 30 Jahren*), bestehen aus (*der Topf besteht aus Gusseisen*), bestehen in (*das Problem besteht darin, dass ...*), bestehen auf (*ich bestehe darauf, den Chef zu sprechen*).

In zweisprachigen Wörterbüchern sollten neben den Übersetzungen des einzelnen Wortes in die Muttersprache auch komplette Beispielsätze angegeben sein. Darüber hinaus sollte das Wörterbuch die unregelmäßigen Formen *bestand, bestanden* angeben, sei es direkt beim Verb, sei es durch einen Verweis auf eine Liste mit unregelmäßigen Verben. Erklären Sie den Teilnehmern, dass sie immer prüfen müssen, ob die aus dem Wörterbuch herausgesuchte Übersetzung im Kontext logisch ist und damit in der benötigten Situation auch wirklich passt. Wenn man nicht sicher ist, hilft es manchmal auch, einen Gegentest zu machen und die muttersprachliche Übersetzung des Wortes in dem anderen Teil des Wörterbuchs nachzuschlagen. Wenn die Beispiele oder angegebenen Synonyme in der Muttersprache passen, dann ist die Übersetzung richtig. Die TN können die Bedeutung auch mittels eines einsprachigen Wörterbuchs überprüfen.

Weisen Sie auch darauf hin, dass die Bedeutungen immer in absteigender Häufigkeit aufgeführt werden. Das heißt, die zuerst genannte Bedeutung ist die gebräuchlichste. Ein gutes Wörterbuch enthält zudem Listen mit unregelmäßigen Verben. Vorsicht! Wenn zweisprachige Wörterbücher in deutschsprachigen Ländern gekauft werden, ist darauf zu achten, dass es kein Wörterbuch für Deutschsprachige ist, denn dann sind die Listen mit unregelmäßigen Verben oft nur in der Muttersprache der TN vorhanden, was zwar amüsant sein kann, aber sinnlos ist. Außerordentlich wichtig dabei ist, dass die TN nicht anfangen, jedes Wort nachzuschlagen: Nur Schlüsselwörter, also Wörter, die für das Verstehen der kursorischen Inhalte wichtig sind bzw. bei Einzelinformationen für das Verstehen der Detailinformation ausschlaggebend sind, sollten nachgeschlagen werden, und zwar erst, wenn alle anderen Strategien zur Erschließung der Bedeutung nicht fruchten.

Strategien zum Erschließen unbekannter Wörter
Halten Sie die TN dazu an, unbekannte Wörter nicht sofort im Wörterbuch nachzuschlagen. Erklären Sie, dass die TN Strategien entwickeln sollen, mit deren Hilfe sie unbekannte Wörter selbst erschließen können. Hier sind einige Möglichkeiten:
1. **Kontext:** Sehr oft kann man mit etwas Fantasie neue Wörter aus dem Kontext heraus erschließen. Um dies zu demonstrieren, können Sie eine Textpassage kopieren (bei homogenen Kursen auch gern in der Muttersprache der TN) und einen Lückentext daraus machen. Die TN raten, welche Wörter fehlen.
2. **Komposita:** Man zerlegt zusammengesetzte Wörter in ihre Einzelbestandteile. Über die Grundbedeutung der einzelnen Wörter kann man häufig auf die Bedeutung des neuen, zusammengesetzten Wortes schließen.
3. **Wortbildung:** Bei Adjektiven zum Beispiel die Suffixe *-los, -voll, -bar* etc. In vielen Wörtern „verstecken" sich andere Wörter, z.B. Nomen, aus denen Adjektive gebildet werden oder auch Verben, die sich in Adjektiven verbergen.

Wortschatzarbeit oder „Was mache ich mit neuen Wörtern?"
Eine Möglichkeit, neues Vokabular bereits während des Unterrichts festzuhalten, sind natürlich Vokabelhefte, die kontinuierlich geführt werden sollten. Zum einen sollte dort der neue Wortschatz nach Lektionen aufgeschrieben werden. In diesem Zusammenhang sind auch die Seiten „Ausdrücke und Wendungen" am Ende jeder Lektion von Interesse. Zum anderen können in einem Vokabelheft Wörter zu einem bestimmten Themengebiet zusammengetragen werden. Eine weitere Methode ist das Lernen mit einer Vokabelkartei. Es geht allerdings nicht darum, sich

fertige Karteien zu kaufen, sondern darum, sie selbst zu beschriften. Dies hat den Vorteil, dass man sich die Vokabeln sowohl beim Schreiben als auch beim Wiederholen einprägt. Verweisen Sie die TN auch auf die Lerner-CD-ROM, auf der sie ihren Lernwortschatz in Dateien bearbeiten können.

Tipps zum Aussprache-Training

▸ **Übungen zur Phonetik** finden Sie im Arbeitsbuch, wo vor allem Satzmelodie und Satzbetonung geübt werden.

Auf diesem relativ hohen sprachlichen Niveau haben sich bereits individuelle Färbungen in der Aussprache eines jeden Lerners ergeben. Diese sind auch nicht weiter problematisch, sofern sie die Kommunikation nicht beeinträchtigen. Vor allem bei Muttersprachen, die phonetisch weit vom Deutschen entfernt sind, kann es zu Verständnisproblemen kommen. In so einem Fall ist individuelle Betreuung notwendig. Allerdings gibt es ein paar Tricks, mit denen man die Aussprache verbessern kann.

▸ **Laut genug sprechen:** Bei vielen eher schüchternen TN ist allein schon die fehlende Lautstärke manchmal störend. Machen Sie die TN auf dieses Problem aufmerksam, indem Sie im Unterricht immer wieder die Hand an Ihr Ohr legen. Sagen Sie, Sie hätten nichts verstanden, weil zu leise gesprochen worden sei.

▸ **„Korkensprechen":** Schauspieler praktizieren diese Übung, um ihre Aussprache deutlicher zu machen. Diese Übung eignet sich besonders für Partnerarbeit. Partner A liest Partner B einen unbekannten Text mit einem „Hindernis", z. B. mit einem Korken oder einem trockenen Brötchen im Mund vor. Partner B signalisiert, ob er etwas verstanden hat oder nicht. Dann ist Partner B an der Reihe vorzulesen, und Partner A hört zu.

▸ **Einzelne Laute üben:** Für einige (wenige) „Klassiker" bei den Ausspracheproblemen gibt es Hilfestellungen:
„ü": Ein „ü" kann dadurch erreicht werden, dass man zuerst ein „i" ausspricht. Dann versucht man, mit der gleichen Mundstellung, nur durch Schürzen der Lippen, ein „u" auszusprechen.
„r": Das für Asiaten problematische „r" wird auch weiterhin ein Problem bleiben. Allerdings könnte sich der Versuch lohnen, ein gerolltes „r" über die Aussprache von „d-d-d-d-d" über „d-t-d, d-t-d, d-d-d-dei, d-d-d-dei, ..." bis hin zu „d-d-d-drrei, d-d-d-drrrei" zu erreichen.
„w": Für TN mit spanischer Muttersprache ist oft die Aussprache des deutschen „w"- Lautes schwierig.

Hier kann man so vorgehen: Die TN sprechen ein lautes „aaaa" mit geöffnetem Mund. Dann legen sie die Unterlippe an die oberen Zähne. Aus dem „aaaa" wird ein „wwww".
„z": Ein deutsches „z" kann man folgendermaßen trainieren: Die / Der KL schreibt die Buchstabenkombination „ts" an die Tafel sowie mehrere Wörter in der korrekten Schreibweise und daneben dieselben Begriffe mit „ts" geschrieben anstatt mit „z". Die TN lesen die Wörter laut vor.

▸ **Lautes Vorlesen:** Wenn Lerner einem deutschen Muttersprachler Texte laut vorlesen und dieser sie versteht, ohne nachfragen zu müssen, ist das der beste Beweis für eine akzeptable Aussprache. Die TN können das laute Lesen aber auch allein trainieren, z. B. indem sie sich dabei mithilfe eines Kassettenrekorders oder eines mp3-Players selbst aufnehmen. Lautes Sprechen mit oder ohne Publikum wirkt wie Gymnastik für den Mund und trainiert die Aussprache. Hierzu eignen sich die Übungssätze SÄTZE BAUEN im Arbeitsbuch.

▸ **Partnerdiktate:** Wenn zwei TN einander Texte diktieren, wird unter anderem auch die deutliche Aussprache geübt.

▸ **Zungenbrecher:** Immer wieder beliebt sind Zungenbrecher, die bei schwierigen Lauten erst im Plenum, dann einzeln oder paarweise geübt werden können.

▸ **Konkrete Poesie:** Manchen TN bereiten diese Gedichte Freude und lenken ein wenig von dem Ziel „Aussprachetraining" ab.

Grammatik im Lehrwerk *Ziel* B1+

Das Lehrwerk *Ziel* bietet Grammatik vor allem kontextbezogen an. Im Band B1+ wird der Schwerpunkt auf die Festigung und Vertiefung der wichtigsten B1-Themen gelegt. Es gibt zwei Möglichkeiten, Grammatik zu üben.

Fokus Grammatik: Im Kursbuch gibt es innerhalb jeder Lektion jeweils zwei Fokus-Grammatik-Seiten, insgesamt also sechzehn. Wichtige Grammatik-Themen werden zusammengefasst und wiederholt. Dabei werden die TN kontextbezogen für die jeweiligen Themen sensibilisiert. Alle Lösungen zu den Fokus-Grammatik-Seiten finden Sie im Kursbuch auf S. 102 / 103.

methodisch-didaktische Boxen

Arbeitsbuch: Es liegt in der Natur eines Wiederholungsbandes, dass echte Wiederholungsaufgaben eher selten sind, sie beziehen sich dann meist auf Themen des A2-Niveaus (rote Kennzeichnung *Wiederholung*). Die blau gekennzeichneten Übungen decken die echten B1-Themen ab und die eher selteneren Vertiefungsübungen (braun) gehen darüber hinaus.
Lerner CD-ROM: Neben den Lösungen für die Grammatik-Übungen finden die TN hier eine Gesamtübersicht der Grammatik des Niveaus B2, wobei alle B1+-Themen gelb gekennzeichnet sind. Auch die Dateien im Lerner-Portfolio geben den TN für jede Lektion Gelegenheit, sich individuell mit der gelernten Grammatik auseinanderzusetzen. Die Dateien sind im rtf-Format gehalten, damit die TN selbst hineinschreiben beziehungsweise etwas aus der Grammatikübersicht hineinkopieren können.

6. Sozial- und Arbeitsformen
Sozialformen
In der Beschreibung des Unterrichtsablaufs im Lehrerhandbuch gibt es jeweils Hinweise zu den Sozialformen. Es wird empfohlen, diese einzuhalten, weil die TN dadurch mehr für sich erarbeiten können. Sie sammeln mehr Erfahrungen im Umgang mit der Sprache, müssen stärker darauf achten, sich verständlich auszudrücken, und es gibt weniger „Leerlauf" für den einzelnen TN im Unterricht.
Die Beschreibung der Sozialformen beschränkt sich hierbei auf Plenum, Einzelarbeit, Gruppenarbeit und Partnerarbeit. Die dazu passenden Sitzordnungen müssen Sie den Gegebenheiten des Unterrichtsraumes anpassen.

Funktionen von Arbeitsformen
Jede Lektion im Kursbuch folgt in ihrem Ganzen sowie in ihren einzelnen Abschnitten bestimmten Arbeitsformen, die zu dem gewünschten Ergebnis führen. Diese sind nicht willkürlich gewählt und sollten, wenn es der Unterricht erlaubt, auch so ausgeführt und angewandt werden.

- **wahrnehmen:** meditativ, im Gespräch, im Unterrichtsgang, Arbeit mit Realien usw.

- **sammeln / assoziieren:** einen persönlichen Bezug herstellen, Eigenerfahrungen einbringen, freies Gespräch, freie Schreibaufgabe

- **vergleichen / ordnen:** gezieltes Gespräch zwischen TN (Partner oder Kleingruppen) oder KL und TN. Dient der Vorbereitung von Regelfindung, Texterstellung usw.

- **beschreiben / benennen:** wie *vergleichen /ordnen*; ist die systematisierende Fortsetzung davon

- **dokumentieren / darstellen:** festhalten der Ergebnisse auf einem Arbeitsblatt, im Heft, als Collage, als Wandzeitung, Poster usw.

- **mitteilen / austauschen:** im Gespräch, in der Präsentation, im Vortrag usw. mithilfe der unter *dokumentieren / darstellen* genannten Fixierungen

- **planen / handeln:** Dies wäre ein freies Projekt, das noch einmal die verschiedenen Phasen des Erwerbs durchläuft, aber in der selbst gesteuerten Umsetzung durch die Lerner.

- **wiederholen / üben / automatisieren / vertiefen:** mithilfe gesteuerter, gelenkter Aufgaben und Übungen, in der Regel im Arbeitsbuch

- **reflektieren / evaluieren:** Gespräch, Bearbeitung entsprechender Aufgaben (Lernerportfolio), Lernzielkontrollen usw.

- **kontrollieren:** Tests, Lehrerkorrektur

Ideen zur Gruppenbildung
- **Abzählen:** Die TN zählen der Reihe nach von 1 bis zu der Zahl, die die gewünschte Gruppenzahl angibt. Brauchen Sie z. B. vier Gruppen, lassen Sie von 1 bis 4 zählen, brauchen Sie fünf Gruppen, von 1 bis 5 etc. Die TN mit derselben Zahl gehören zusammen. Achtung: Das funktioniert nicht bei der Bildung von Paaren!

- **persönliche Daten:** Die TN stehen auf und suchen Partner, deren Nachname oder Vorname mit demselben Buchstaben anfängt, oder die Partner mit demselben Geburtsmonat / Geburtsjahr finden zusammen. (Vorsicht! Der Kursleiter sollte vorher die Angaben über Geburtsjahr/-monat herausfinden, da bei dieser Methode eventuell zu wenige oder zu viele Gruppen entstehen können.)

- **Farben:** Bringen Sie verschiedenfarbige Zettel, Spielsteine, Gegenstände etc. mit. Sie brauchen so viele unterschiedliche Farben, wie Sie Gruppen bilden möchten. Geben Sie alle Zettel oder Spielsteine etc. in ein Gefäß. Jeder TN zieht einen Zettel bzw. einen Spielstein o. Ä. Alle TN, die dieselben Farben gezogen haben, arbeiten zusammen. Das funktioniert für alle Gruppengrößen. Nett und vor allem lecker ist diese Art der Gruppeneinteilung auch mit Gummibärchen oder Smarties.

methodisch-didaktische Boxen

▸ **Fäden** (nur Paarbildung!): Sie brauchen halb so viele Schnüre/Fäden wie TN in einer Länge von ca. 2–3 m. Halten Sie alle Schnüre in der Mitte, sodass die zwei Enden nach unten hängen. Die TN stellen sich in einem Kreis um Ihre Hand mit den Schnüren auf und jeder ergreift ein Schnürende. Sobald jeder TN ein Schnürende in der Hand hält, lassen Sie die Schnüre los. Nun ist jeder TN mit einem anderen TN verbunden. Wenn Sie jeweils an ein Ende der Schnüre einen Knoten machen, können Sie auch gleich den TN bestimmen, der eine bestimmte Aufgabe übernehmen soll. Z. B. könnte der TN mit dem Knoten der Interviewer sein, während der Partner mit dem Schnürende ohne Knoten die Rolle des Interviewten spielt.

▸ **Namen**: Schreiben Sie Familiennamen auf Karteikarten, jeweils zweimal denselben Namen – einmal mit „Herr" (z. B. „Herr Huber"), einmal mit „Frau" („Frau Huber"). Sie brauchen so viele Kärtchen wie TN. Verteilen Sie die Kärtchen im Kurs. Danach finden sich die „Ehepaare" zusammen. Falls Sie größere Gruppen brauchen, können Sie Familienkarten erstellen (Vater Huber, Mutter Huber, Tochter Huber, Sohn Huber, Onkel Huber etc.). Der Vorteil ist, dass diese Kärtchen je nach Gruppengröße sehr flexibel einsetzbar sind und es den TN oft Spaß macht, ihre „Familienmitglieder" zu suchen.

▸ **Puzzle**: Zerschneiden Sie ein Bild (ein Foto, eine Ansichtskarte o. Ä.) pro Gruppe. Wenn Sie vier Gruppen à drei TN bilden möchten, brauchen Sie vier Fotos, die Sie in je drei Teile zerschneiden. Verteilen Sie die zerschnittenen Fotos unter den TN. Jeder bekommt einen Schnipsel. Die TN rekonstruieren die zerschnittenen Bilder und finden so ihre Lernpartner. Das funktioniert für alle Gruppengrößen.

▸ **Satzpuzzle**: Nehmen Sie Sätze, Wendungen, Ausdrücke aus der aktuellen Lektion, eventuell mit gerade besprochenen Grammatikstrukturen. Sie brauchen so viele Sätze, wie Sie Gruppen bilden möchten. Zerschneiden Sie die Sätze so, dass jeder TN einen Satzschnipsel bekommt. Die TN rekonstruieren die Sätze und finden so ihre Gruppe.

▸ **Sprichwörter**: Schreiben Sie Halbsätze oder mehrfach zerteilte Sätze von Sprichwörtern auf Kärtchen, teilen Sie diese aus und lassen Sie die TN herausfinden, was zusammenpasst („Der Apfel fällt / nicht weit vom Stamm" oder „Der Apfel / fällt nicht weit / vom Stamm" etc.). Alle TN mit zueinanderpassenden Kärtchen bilden eine Gruppe.

▸ **Grammatik**:
– Dreier-Gruppen: Schreiben Sie unregelmäßige Verben auf Kärtchen (je ein Kärtchen für Infinitiv, Präteritum und Partizip II). Jeder TN sucht dann die anderen beiden TN mit den fehlenden Verbformen.
– Paare: Verben mit Präpositionen. Schreiben Sie auf ein Kärtchen den Infinitiv, auf ein anderes die dazu passende Präposition (z. B.: sich kümmern / um). Erweiterung zu Dreier-Gruppen: der geforderte Kasus (z. B.: sich kümmern / um / + Akkusativ).

▸ **Kursleiterin/Kursleiter**: In manchen Situationen ist es aber auch angebracht, dass die/der KL die Gruppen so einteilt, wie sie/er es für gut hält. Das ist z. B. der Fall, wenn stärkere TN schwächeren TN helfen und gemeinsam in einer Gruppe arbeiten sollen. Natürlich ist es ebenso möglich, stärkere und schwächere Lerner in getrennte Gruppen einzuteilen, insbesondere wenn die/der KL Aufgaben für unterschiedliche Niveaus vorbereitet hat (Binnendifferenzierung). Dann sollten die Gruppen, sprachlich gesehen, möglichst homogen sein.

▸ **Kugellager**: Diese Methode eignet sich besonders dann, wenn möglichst oft verschieden zusammengesetzte Paare miteinander arbeiten sollen. Dazu braucht man Platz für zwei Stuhlkreise, einen innen, einen außen, mit jeweils derselben Menge an Stühlen. Dabei müssen die Stühle so stehen, dass sich die darauf sitzenden TN anschauen. Je ein TN des äußeren Kreises arbeitet mit seinem Gegenüber im inneren Kreis zusammen. Auf ein Signal der/des KL bewegen sich die TN innen und außen in gegensätzliche Richtungen um einen Platz weiter. Also z. B. innen im Uhrzeigersinn, außen gegen den Uhrzeigersinn.

Auswertung von Gruppenarbeit

▸ **Plenumsvortrag**: durch einen Sprecher oder durch mehrere/alle TN pro Gruppe mit verschiedenen Aufgaben.

▸ **Gruppenmixverfahren**: In einem ersten Durchgang arbeiten z. B. drei Gruppen zu vier TN. Im zweiten Durchgang soll ein maximaler Informationsaustausch stattfinden. Dazu wird in jeder Gruppe abgezählt, d. h. jeder TN bekommt eine Zahl zwischen 1 und 4 zugewiesen. Dann treffen sich die TN in vier neuen Gruppen wieder, alle 1er in einer Gruppe, aller 2er in der nächsten Gruppe etc. Jeder TN berichtet aus seiner ursprünglichen Gruppe.
Erweiterung: Jede Gruppe hält im ersten Durchgang ihr Ergebnis auf einem Plakat fest. Die Plakate werden dann im Raum verteilt – entweder auf Tische gelegt oder an verschiedenen Stellen aufgehängt. Die

methodisch-didaktische Boxen

Neueinteilung erfolgt wie oben; die neuen Gruppen gehen von Plakat zu Plakat, und der jeweilige „Experte" der Gruppe erläutert die Ergebnisse aus seiner ersten Arbeitsgruppe.

▶ **Messe**: Die Gruppen erstellen Plakate zu ihren Ergebnissen, die im Raum verteilt aufgehängt oder ausgelegt werden. Die TN gehen dann allein und frei zu allen Plakaten, lesen diese und überlegen sich Fragen dazu bzw. schreiben diese auf. In einer dritten Phase wird je ein „Experte" pro Gruppe neben das jeweilige Gruppenplakat gestellt; dieser muss die Fragen der anderen TN beantworten.

Ideensammlung mithilfe von „Brainstorming" und „Assoziogramm"

„Brainstorming" bedeutet, dass man alle Ideen zulässt, die den TN zum vorgegebenen Thema spontan einfallen. Ursprünglich eine Methode zur Ideenfindung in Firmen, eignet sie sich gut als Einstieg in ein Thema und zum Abfragen von vorhandenem Wissen. Um diese ungesteuerten Ideen festzuhalten, bietet sich das sogenannte „Assoziogramm" an, bei dem die Ideen um das vorgegebene Wort gruppiert werden. Oft werden Assoziogramme auch als „Wortigel" bezeichnet.

Unterrichtsbeiträge – wie bringt man schüchterne TN zum Reden?

Häufig tritt im Unterricht folgendes Problem auf: Wenn die / der KL eine Frage stellt, antworten immer nur dieselben TN.
Welche Methoden gibt es, um das zu verhindern?
– **TN namentlich aufrufen**, möglichst nach Blickkontakt (wenn ein TN eindeutig den Blickkontakt meidet, will er damit signalisieren „Ich will nichts sagen, ich weiß nichts ...")
– TN rufen sich gegenseitig namentlich auf.
– TN antworten der Reihe nach (Achtung! Nicht zu lange machen, wird langweilig ...).
– Teilnehmer formulieren ihre Gedanken schriftlich. Geben Sie allen TN etwas Zeit, um ihre Gedanken kurz zu notieren. Auf diese Weise kommen auch die langsameren TN zum Zug.
– **Alternative Übungsformen:** Wenn Sie wissen, dass sich bestimmte TN im Plenum nicht gern einbringen, bestimmen Sie diese nach einer Gruppenarbeit als Gruppensprecher und lassen Sie sie die Ergebnisse im Plenum präsentieren. Da sie dann genau wissen, was sie sagen können, fühlen sie sich sicherer.
– Machen Sie deutlich, dass man in der Regel keine tollen Ideen erwartet, sondern dass es vielmehr darum geht, das Sprachmaterial, die Wendungen und Ausdrücke zu verwenden.

7. Schreiben
Schreiben auf Niveau B1+

Aufgrund einer Neuorientierung bei den Sprachstandsprüfungen zum B1-Niveau bekommen die produktiven Fertigkeiten im B1-Kurs eine größere Bedeutung. Das ist auch im Hinblick auf die zunehmenden Anforderungen auf den Niveaus B2/1 und B2/2 sehr wichtig. Deshalb werden auch auf dem Niveau B1+ nun bestimmte Textsorten und Sprachhandlungen systematisch geübt und aufgebaut: Darauf bauen dann die folgenden Teilstufen auf. Gerade in der Produktion kann man gut erkennen, dass B1 nicht der Abschluss eines Spracherwerbsabschnitts ist, sondern der erste Teil eines Spracherwerbs, der zur *selbstständigen Sprachverwendung* führt. Im Unterricht mit dem Zielniveau B2 werden diese Textsorten erweitert. Inhaltlich führt diese Erweiterung von Äußerungen aus primär persönlichem Interesse zu Äußerungen mit abstrakteren Inhalten.

Sowohl im Kursbuch wie auch im Arbeitsbuch gibt es immer wieder Möglichkeiten, die Schreibkompetenz zu trainieren. In den Übersichtsseiten des Kursbuches auf den S. 6–9 finden Sie in der Rubrik *SCHREIBEN* die in der Lektion zentralen Schreibanlässe.

Im Arbeitsbuch werden darüber hinaus ganz konkrete Situationen geübt beziehungsweise darauf hingeführt. Die TN sollen zum Beispiel Tipps in Form eines Beitrags in einem Internet-Forum geben, eine Geschichte erzählen, von einem Ereignis berichten, eine Beschwerde formulieren, einen Kommentar schreiben, etwas bewerten, eine schriftliche Absage formulieren.

Schreibaufgaben im Unterricht

Auch wenn man weniger UEs zur Verfügung hat, empfiehlt es sich, ab und zu im Unterricht kleinere Schreibaufgaben erledigen zu lassen und diese zur Korrektur einzusammeln. So können sich schreibschwache und/oder schreibungewohnte TN nicht vor der schriftlichen Textproduktion drücken. Zur Prüfungsvorbereitung ist es mitunter nützlich, die TN ohne Wörterbücher und bei vorgegebenem Zeitlimit eine Schreibaufgabe erledigen zu lassen. Werden allerdings zu oft Texte im Unterricht geschrieben, empfinden die TN dies möglicherweise als Verschwendung wertvoller Unterrichtszeit.
Je nach Kurszusammensetzung müssen Sie als KL entscheiden, ob und wie oft Schreibphasen nötig sind. Nutzen Sie aber auch die Möglichkeit, Texte in Partnerarbeit oder in Gruppen erstellen zu lassen. Dabei können die TN besser dazu angehalten werden, auch schon auf B1+ systematisch vorzugehen.

methodisch-didaktische Boxen

Vor dem Schreiben:
- Thema bestimmen.
- Argumente, Inhaltspunkte finden, Stichworte sammeln.
- Festlegen: Was kommt zuerst? Was dann? Was ist das Ende des Textes?
- Zu den Stichworten/Argumenten Wendungen und Ausdrücke sammeln.
- Hauptargumente evtl. sogar in Einzelsätzen Statements ausformulieren.

Während des Schreibens:
- Auf sinnvolle Satzverbindungen achten.
- Auf den Satzbau achten.
- Auf die Zeitformen achten.
- Sich beim Schreiben überprüfen/korrigieren.

Nach dem Schreiben:
- Text anderen TN zum Lesen geben.
- Überarbeiten.

Notizen machen
Erfahrungsgemäß beherrschen nur wenige TN die Methode der Ideensammlung in Stichpunkten. Sowohl zur Vorbereitung von Diskussionen als auch zur Sammlung von Ideen für schriftliche Aufgaben ist dieses Instrument jedoch enorm wichtig, und sollte auch schon auf B1+ geübt werden. Die TN sollten folgende Punkte beachten:
- keine ganzen, d.h. ausformulierten Sätze schreiben,
- nur kurz in Stichpunkten notieren,
- sich auf die wichtigsten Informationen beschränken,
- Infinitive benutzen,
- grammatikalische Richtigkeit ist nicht so wichtig.

Eine einfache Übung: Notieren Sie in Stichpunkten, was Sie gestern/letzte Woche gemacht haben.

8. Sprechen
Sprechen auf Niveau B1+
Ziel ist es, sich im Alltag gut zurechtzufinden und sich über einfache Themen wie Familie, Hobbys, Arbeit, Reisen unterhalten zu können. Laut *Gemeinsamem Europäischem Referenzrahmen* können die TN auf dem Niveau B1 *in einfachen zusammenhängenden Sätzen sprechen und sich verhältnismäßig korrekt und ohne viel Stocken verständlich ausdrücken.*
Im Lehrwerk *Ziel B1+* werden diese Fähigkeiten gefestigt und sowohl in Kurs- als auch Arbeitsbuch vielfach trainiert. Im Arbeitsbuch finden die TN in der Rubrik SÄTZE BAUEN und TEXTE BAUEN viele Möglichkeiten, die Sprechfähigkeit zu verbessern. Die Übungen zur PHONETIK in der Rubrik *Darüber hinaus* zeigt den TN, wie sie die Betonung einsetzen können, um richtig verstanden zu werden.

Aufnahme auf Tonträger
Empfehlen Sie den TN, zu Hause ihre Stimme auf einen Tonträger aufzunehmen und so ihre Aussprache im Deutschen selbst zu kontrollieren. Durch das Hören der eigenen Stimme und der möglichen Mängel bei Intonation oder Aussprache wird vielen TN oft erst bewusst, was verbessert werden könnte, und sie machen möglicherweise ungeahnte Fortschritte.

Spontanes Sprechen
Auf Niveau B1+ haben viele TN noch Hemmungen oder sind nicht daran gewöhnt, frei und spontan zu sprechen. Vor allem natürlich, wenn der Kurs im Heimatland stattfindet. Deshalb ist es wichtig, die TN hin und wieder ganz frei und spontan reden zu lassen, ohne sich vorher Notizen zu machen. Da die Inhalte auf dieser Stufe einfach und meist persönlich sind, sollten die TN diesbezüglich keine Schwierigkeiten haben.

9. Hausaufgaben
Warum Hausaufgaben?
Hausaufgaben sind eine sinnvolle Ergänzung der Unterrichtseinheit. Das müssen auch die TN verstehen. Dazu ist es wichtig, dass es für die TN transparent ist, warum die und keine anderen Hausaufgaben aufgegeben werden. Besprechen Sie mit Ihren TN, wie sie die Hausaufgabe bearbeiten sollen, geben Sie bei komplizierteren Aufgaben Lösungsbeispiele, erklären Sie ihnen, wie sie sie gegebenenfalls in der folgenden Unterrichtseinheit präsentieren sollen. Hausaufgaben dienen dazu, Gelerntes zu üben, zu festigen, zu überdenken.
Sicherlich ist das Führen des Lernerportfolios (auf der eingelegten Lerner-CD-ROM) dabei hilfreich, weil sich dort die TN noch einmal vor Augen führen können, was sie gelernt haben; sie analysieren ihre Leistungen und erkennen vielleicht selbst, dass sie das ein oder andere noch üben müssten.
Bei erwachsenen TN ist es sinnvoll, die Rolle des Lösungsschlüssels zum Arbeitsbuch (auf der eingelegten Lerner-CD-ROM oder in den separat erhältlichen Lösungen) mit ihnen zu besprechen (siehe dazu S. 56; dort wird bei jedem Übungstyp beschrieben, welche Rolle der Lösungsschlüssel jeweils einnimmt). Bitten Sie die TN, am Anfang einer Unterrichtsstunde Fragen zu den Hausaufgaben zu stellen, z. B. wenn sie sich unsicher sind, warum eine Lösung so und nicht anders lautet, oder sie eine Aufgabe, Lösung nicht verstanden haben. Korrigieren Sie nur in Ausnahmefällen die Hausaufgaben gemeinsam im Kurs; manche TN, die keine Hausaufgaben machen konnten, kommen dann eher nicht, als dass sie das im Kurs zugeben.

methodisch-didaktische Boxen

Vor allem ist es sinnvoll, auch bei den Hausaufgaben die Binnendifferenzierung (siehe S. 57) nicht aus den Augen zu verlieren. Es kann durchaus sinnvoll sein, bestimmte TN mit einem Projekt zu motivieren und andere TN mit ausgewählten Übungen zu stabilisieren.

Meine TN machen keine Hausaufgaben
Da helfen vielleicht folgende Maßnahmen.
- Sprechen Sie mit jedem TN jeweils einzeln (oder in kleinen Gruppen) und erklären Sie, warum für den / die TN gerade die von Ihnen ausgewählten Übungen die sinnvollsten sind. Zeigen Sie ihnen ihre Defizite und helfen Sie ihnen, diese zu beheben. Besprechen Sie mit den TN Abgabetermine.
- Manchmal hilft auch ein Test: Die Besprechung der Ergebnisse (der eine sinnvolle Hausaufgabe zur Korrektur der Fehler oder zur Festigung des Stoffes folgt) mit der Ankündigung, dass der Test wiederholt und der alte vernichtet wird. In der Regel sind TN allen Alters motiviert, den Test besser zu machen.
- Fragen Sie die TN, die jede Hausaufgabe verweigern, mit welchem Ziel sie Deutsch lernen. Geben Sie ihnen dann Hausaufgaben, die ihrem Ziel entsprechen.
- Manche TN machen sehr ungern Aufgaben, die sie mit der Hand schreiben müssen. Motivieren Sie diese TN durch die Möglichkeit der Online-Übungen oder der Extra-CD-ROM. Bieten Sie ihnen auch an, die Lösungen mit einem bestimmten System (siehe z. B. Lösungsschlüssel) in den Computer zu schreiben und auszudrucken.
- Animieren Sie die TN, Lernergruppen zu bilden (z. B. drei TN), die in dem Gebäude, wo der Kurs stattfindet, nach dem Unterricht gemeinsam Hausaufgaben machen können, wenn das nicht geht, an einem festgelegten Ort. Manche TN haben Schwierigkeiten, zu Hause mit den Hausaufgaben anzufangen, oder finden dort nicht die nötige Ruhe.

10. Übersetzen im Fremdsprachenunterricht

Der Sprachunterricht wurde im Laufe der Zeit von den verschiedensten Strömungen hinsichtlich Methodik und Didaktik beeinflusst. War man ab Mitte des 20. Jahrhunderts (zumindest theoretisch) immer mehr zur Einsprachigkeit im Fremdsprachenunterricht übergegangen, so berücksichtigt die sogenannte Mehrsprachigkeitsdidaktik seit den 90er-Jahren des 20. Jahrhunderts auch die Sprachen der Lernenden. Diese Entwicklung ist als Fortentwicklung des vorhergegangenen interkulturellen Ansatzes zu verstehen, der bereits auf das Verstehen fremder Kulturen abzielte. Nun wird diese Komponente dadurch ergänzt, dass die TN neben den anderen Kulturen auch andere Sprachen schätzen lernen sollen. Dies gilt im besonderen Maße in deutschen Schulen, wo Kinder mit verschiedenen Muttersprachen zusammensitzen. Man gibt damit den ausländischen Kindern Selbstbewusstsein und einen gewissen Stolz auf die Doppelsprachigkeit und zeigt den deutschen Kindern, dass ihre Mitschüler Kompetenzen besitzen, die sie sich bisher vielleicht noch gar nicht bewusst gemacht haben.

Ein weiterer Grund für den kontrastiven Ansatz vor allem im Erwachsenenbereich ist, die TN für linguistische Unterschiede zu sensibilisieren. Dabei wird dann auch deutlich, dass es oft um das Erlernen kompletter Strukturen geht und nicht um das reine Übersetzen und das Aneinanderreihen einzelner Wörter. Deshalb gibt es auch im Lehrwerk *Ziel* immer wieder Aufgaben zum Sprachenvergleich. Dieser linguistische Vergleich wird ergänzt durch interkulturelle Betrachtungen an anderer Stelle. Damit werden die beiden Aspekte der „Language Awareness" und der „Cultural Awareness" aus der Mehrsprachigkeitsdidaktik berücksichtigt, die auch in den *Gemeinsamen europäischen Referenzrahmen* eingeflossen sind.

11. Das Lerner Portfolio und die Rolle von Motivation und Bestätigung

Leicht vergisst man, mit wie wenig wie viel erreicht werden kann. Denken wir doch daran, dass eine mehrmals im Jahr wiederholte simple Aufgabe zur Reflexion darüber, was ein Schüler/ eine Schülerin gut kann, die Durchfallquoten vor allem bei schlechten und sozial benachteiligten Schülern signifikant senkt. Denken wir auch daran, dass Schülerinnen, die einen Text darüber lesen, dass Mädchen genauso gut in Mathematik sind, wie ihre männlichen Mitschüler, in Mathematik genauso gut werden. Nutzen Sie deshalb das Portfolio, um Ihre TN zu motivieren. Sie werden sehen, sie werden dann auch besser. Es gibt nur einige wenige Grundregeln. Überfordern Sie sie nicht: Lernen erfolgt in kleinen Schritten, in Anknüpfung an schon Bekanntes. Das Wissen darüber, dass man auch den nächsten Schritt kann, wenn man sich anstrengt und diese Anstrengung honoriert wird, kann im Einzelnen Berge versetzen. Fördern und Fordern Sie jeden TN auf seinem Niveau: Das Portfolio hilft Ihnen dabei. Unterstützen Sie jeden TN, eine gelungene, für ihn gute Arbeit in sein Portfolio aufzunehmen. Helfen Sie ihm dabei, wenn er die Dinge einträgt, die er schon gut kann. Gut können ist für jeden TN relativ.

Gehen Sie vom Leichten zum Schwereren: Wenn

Lernen dem TN richtig weh tut - dann lernt er nichts. Lernt er scheinbar mühelos, dann verbessert er sich. Ein kleiner Trick: Lassen Sie TN zum Beispiel zu einem Foto einen Text schreiben und bitten Sie sie am Ende der Lektion, nun einen neuen Text zu dem Foto zu schreiben und diese zu vergleichen. Die TN sind begeistert, und zwar jeder auf seinem Niveau. Jeder TN, der sich während der Lektion auf seinem Niveau angestrengt hat, hat sich verbessert.

12. Das Lehrwerk *Ziel* und Prüfungen auf dem Niveau B 1

Etliche Aufgaben in Kurs- und Arbeitsbuch sind an das Prüfungsformat der B1-Prüfungen angelehnt. Somit werden die TN damit vertraut gemacht, ohne jedes Mal explizit darauf hingewiesen zu werden. Im Arbeitsbuch zum Lehrwerk *Ziel* B1+ gibt es am Ende jeder Lektion unter der Überschrift *Darüber hinaus* Übungen, die die TN mit Aufgabenstellungen aus Prüfungen vertraut machen. Das Lehrwerk führt auf den Sprachstand B1 hin (allgemeinsprachliche B1+-Prüfungen gibt es nicht), eine direkte Prüfungsvorbereitung auf eine bestimmte B1-Prüfung ersetzt es allerdings nicht. Informieren Sie sich im Internet über die Prüfungen auf B1-Niveau, im Folgenden zwei Beispiele.

Zertifikat Deutsch B1
Prüfungsteile:
Schriftliche Gruppenprüfung (ca. 150 Minuten), bestehend aus Leseverstehen, Sprachbausteine, Hörverstehen, Schriftlicher Ausdruck.
Mündliche Prüfung (ca. 15 Minuten als Paar-, oder Einzelprüfung)

Leseverstehen (70 Minuten):
Teil 1 (ca. 20 Minuten)
Zuordnung von 10 Überschriften zu 5 Texten. Pro Text passt eine Überschrift.
Teil 2 (ca. 35 Minuten)
Lesetext, 5 Aufgaben. Pro Aufgabe gibt es drei Aussagen, die richtige Aussage wird angekreuzt.
Teil 3 (ca. 15 Minuten)
10 Situationen, 12 Anzeigen. Zuordnung der Situationen zu den Anzeigen, jede Anzeige passt nur einmal, zu manchen Situationen gibt es möglicherweise keine Anzeige.

Sprachbausteine (20 Minuten):
Teil 1 (ca. 10 Minuten)
Lückentext, pro Lücke gibt es drei Möglichkeiten, ein Wort ist korrekt.
Teil 2 (ca. 10 Minuten)
Lückentext mit 10 Lücken, pro Lücke gibt es eine korrekte Lösung, Auswahl aus 15 Wörtern.

Hörverstehen (30 Minuten):
Teil 1
Kurzer Einleitungstext, dann 5 kurze Hörtexte mit je einer Aufgabe. Die Kandidaten fragen sich, ob sie die Aussage gehört haben oder nicht, und kreuzen richtig oder falsch an. Die Texte werden nur einmal vorgespielt.
Teil 2
Die TN hören ein Gespräch zweimal. Dann lösen sie 10 Aufgaben und kreuzen an, ob sie die Aussage gehört haben (richtig) oder nicht (falsch).
Teil 3
Fünf kurze Texte (meist Durchsagen, Wetterberichte, Informationen im Radio etc.) werden je zweimal vorgespielt. Die Kandidaten lesen eine Aussage dazu und kreuzen „richtig" oder „falsch" an.

Schriftlicher Ausdruck (30 Minuten):
Die TN lesen einen Brief und beantworten diesen. Dabei berücksichtigen sie die vier vorgegebenen Leitpunkte, schreiben eine passende Einleitung, einen passenden Schluss und beachten die Formalitäten eines Briefes.

Mündlicher Ausdruck (15 Minuten):
Teil 1 (ca. 3 Minuten)
Kontaktaufnahme – die TN stellen einander Fragen zum Namen, zur Herkunft, Familie, Ausbildung etc.
Teil 2 (ca. 6 Minuten)
Gespräch über ein Thema. Die TN haben zwei verschiedene schriftliche Informationen zu demselben Thema. Sie berichten einander darüber, erzählen eigene Erfahrungen zu diesem Thema, stellen dem Prüfungspartner Fragen dazu und reagieren auf dessen Fragen.
Teil 3 (ca. 6 Minuten)
Lösen einer Aufgabe. Die TN sollen zum Beispiel eine kleine Reise, ein Fest, einen Ausflug gemeinsam planen. Dazu wird ein Notizzettel mit interessanten Fragen vorgegeben.

Zertifikat B1, Deutschprüfung für Erwachsene (eine Gemeinschaftsproduktion vom Österreichischen Sprachdiplom Deutsch, vom Goethe Institut und von der Universität Freiburg, Schweiz)

methodisch-didaktische Boxen

Auf der Niveaustufe B1 können die TN vier Prüfungen ablegen:
- Leseverstehen
- Hörverstehen
- Schreiben
- Sprechen

Die Prüfungen können zusammen oder einzeln abgelegt werden.
Die Prüfungen werden unabhängig voneinander bewertet.

	Teil		*Punkte*	Minuten
Zertifikat **B1** Leseverstehen	1 2 3 4 5	Erzählender Text Zeitungstexte Anzeigen Leserbriefe Hausordnung o.ä.	Insgesamt 30	65
Zertifikat **B1** Hörverstehen	1 2 3 4	Ansagetexte Vortrag Gespräch Diskussion im Radio	Insgesamt 30	35 + 5 Minuten zur Übertragung der Lösungen
Zertifikat **B1** Schreiben	1 2 3	E-Mail Diskussionsbeitrag E-Mail	40 40 20	60
Zertifikat **B1** Sprechen	1 2 3	Gemeinsam etwas planen (Interaktion) Ein Thema präsentieren (Präsentation) Über ein Thema sprechen (Interaktion)	Insgesamt 100	15 für zwei Teilnehmende

13. Bewegung und Entspannung im Unterricht

Abwechslungsreicher Unterricht beinhaltet Methodenvielfalt, einen Wechsel der zu trainierenden Fertigkeiten, aber auch Bewegung oder zumindest Änderung in den Körperpositionen für die TN.
In Kursen von bis zu 90 Minuten Länge mag es noch genügen, durch die Einteilung in verschiedene Paare oder Kleingruppen und das damit verbundene Aufstehen beziehungsweise Herumgehen Bewegung in die Gruppe zu bekommen. In allen noch längeren Unterrichtssequenzen sollte gezielt für Bewegung und Entspannung gesorgt werden, zusätzlich zu den ohnehin vorgesehenen „echten" Pausen. Wann genau das sein muss, kann jeder KL am besten selbst entscheiden, indem er die Körperhaltung und Mimik der TN interpretiert. Wenn TN zum Beispiel auf ihren Stühlen hin und her rutschen, aus dem Fenster blicken, sichtlich abschalten, dann ist es Zeit für eine Entspannungs- oder Bewegungspause.

Bewegung „so nebenher":
Die einfachste Möglichkeit, die TN in Bewegung zu bringen, ist die der Gruppeneinteilung. Lassen Sie zum Beispiel alle TN aufstehen und ungeordnet im Unterrichtsraum umhergehen. Machen Sie dazu ein wenig Musik und bitten Sie die TN, durcheinanderzulaufen. Auf Ihr Signal hin oder wenn Sie die Musik ausschalten, bleiben die TN stehen. Der jedem TN jeweils am nächsten stehende TN ist der neue Partner. Allein dadurch, dass die TN ab und zu an die Tafel gehen und etwas schreiben oder Zettel an eine Pinnwand heften, kommt Bewegung in den Unterricht.

Kurze Entspannungsphasen:
Möchten Sie eine kurze, vielleicht 5-minütige Entspannungsphase einbauen, dann eignet sich folgendes Vorgehen mittels sehr einfacher Gymnastikübungen.
Der KL spielt in der ersten Runde den „Vorturner"; danach darf ein freiwilliger TN vorgeben, was zu tun ist. Fragen Sie die TN auch, ob es unter ihnen Gymnastik- oder Yoga-Interessierte gibt. Manchmal gibt es sogar Sport- oder Yogalehrer unter den TN. Dann haben Sie die Experten im Kurs und können diese den Input geben lassen.
Öffnen Sie die Fenster! Die TN stellen sich hinter ihren Stühlen oder in einem Kreis auf. Eine Person macht die jeweilige Übung vor und sagt die Bewegung gleichzeitig an. Die anderen TN machen mit.

methodisch-didaktische Boxen

Ein paar Ideen für Übungen am Platz:
- tief ein- und ausatmen,
- Arme ausschütteln, Beine ausschütteln, Hände und Füße ausschütteln,
- Schultern kreisen lassen,
- Kopf langsam (!) kreisen lassen,
- breitbeinig stehen, Oberkörper nach links und nach rechts bewegen („wie ein Baum im Wind"),
- Arme zur Seite strecken und kreisen lassen,
- mit den Fingern das Gesicht „wach" klopfen, dazu mit beiden Händen und allen zehn Fingern vom Kinn über die Wangen zur Stirn klopfen; am Ende mit den Fingern auf den Kopf klopfen („die Affen tanzen auf dem Dach").

Übungen im Gehen:
- auf Zehenspitzen gehen,
- auf Zehenspitzen gehen und gleichzeitig mit den Fingern weit nach oben greifen,
- den Oberkörper rund machen, sich „einrollen",
- „durch den Schnee stapfen",
- trampeln,
- „wie ein Indianer schleichen" usw.

Bewegungsspiele:
Kuhstall. Dreiergruppen (je zwei Spieler reichen einander die Hände und bilden so einen Kuhstall; drin steht ein TN, die Kuh). Zusätzlich gibt es am Anfang einen „freien" Spieler. Dieser ruft „Kuh", „Stall" oder „Kuhstall" aus (und spielt sogleich unter dieser Bezeichnung mit). Wird „Kuh" aufgerufen, wechseln die Kühe den Stall, das heißt nur die TN zwischen den Armen der TN, welche die Kuhställe bilden, bücken sich, um aus dem Kuhstall herauszugehen und einen neuen Stall zu finden. Wird „Stall" aufgerufen, müssen die Ställe eine neue Kuh umfassen, wird „Kuhstall" gerufen, wird alles aufgelöst und gänzlich neu zusammengestellt. Wer keinen geeigneten Platz findet, scheidet aus.

Reise nach Jerusalem. Stühle werden in einer oder zwei Reihen aufgestellt; dabei gibt es einen Stuhl weniger als TN, die mitspielen. Musik wird gespielt, die TN laufen um die Stuhlreihe(n). Wenn die Musik ausgeschaltet wird, muss jeder TN sich einen Platz suchen. Der übrig gebliebene TN scheidet aus und nimmt einen weiteren Stuhl weg.

„Tierische" Reise nach Jerusalem. Stuhlaufstellung wie bei der Reise nach Jerusalem. Zettel mit verschiedenen Tierarten werden ausgeteilt (je Tierart zwei Zettel, jeder Spieler erhält einen Zettel). Die gleichen Tiere suchen einander, aber nur durch Pantomime oder Tierlaute. Sobald sie sich gefunden haben, setzen sie sich auf die Stühle. Wer keinen Stuhl mehr findet, scheidet aus. Die Tierzettel werden neu verteilt. Bei jedem Durchgang scheidet ein TN aus und nimmt einen Stuhl mit.

Transkriptionen der Hörtexte

Kursbuch

CD 1

Lektion 0 Freut mich
▶ Track 2
- Ja, ähm, kennen Sie hier viele Leute?
▶ Nein, ich bin heute zum ersten Mal hier dabei. Mein Name ist Roland Büchner.
- Freut mich. Ich heiße Martin Hager. Ich organisiere die Betreuung von alten kranken Menschen in meiner Heimatstadt.
▶ Das ist ja interessant. So etwas möchten wir bei uns auch machen. Da können Sie mir sicher ein paar gute Tipps geben.

▲ Entschuldigen Sie, sind Sie Frau Meier aus Dortmund?
■ Nein, tut mir leid, ich komme aus Frankfurt.
▲ Ja, dann, entschuldigen Sie vielmals ... wissen Sie, Frau Meier kümmert sich in Dortmund um alleinerziehende arbeitslose Mütter, und ...
■ Ja aber das macht doch nichts, so lernt man sich kennen. Ich bin Britta Moser aus Tübingen.

○ Entschuldigung, sind Sie vielleicht die Ausbilderin für Erste Hilfe aus Freiburg?
□ Ja. – Oh, dann sind Sie sicher Herr Kluge aus Jena, Frau Samson hat schon gesagt, dass Sie hier sind. Freut mich, Sie persönlich kennenzulernen.

■ Und was machen Sie im Verein?
● Ach, nicht so viel, wissen Sie, ich habe vier Kinder, da hat man nicht mehr so viel Zeit. Aber früher war ich jedes Wochenende als Krankenwagenfahrerin ...

▶ Ich hol mir nur schnell etwas zu trinken, soll ich jemandem was mitbringen?

● Noch jemand Wasser?
□ Ja gern. – Danke. Im Übrigen, ich bin Herr Meinert aus Wiesbaden. Und Sie?

Lektion 1: Glückwunsch
▶ Track 3 Abschnitt A
A1
Moderatorin: Und nun zu unserer Schnellumfrage. Das neue Jahr ist gerade mal drei Tage alt und wir wollen von Euch wissen, auf welches Fest Ihr Euch dieses Jahr schon am meisten freut. Also, aufgepasst: Anrufen und sagen, welches Fest Euer Lieblingsfest ist. Und natürlich verlosen wir am Ende wieder zwei Kinokarten unter den Anrufern. Hallo, wer ist da ...?

▶ Track 4 Michael: Ja, hier ist Michael. Ja, also ich freue mich jetzt schon auf meinen Geburtstag.
Moderatorin: Und warum gerade auf Deinen Geburtstag?
Michael: Der ist am 30. Dezember und dann feiern wir bis ins Neujahr. Meine Geschwister und meine Freunde. Silvester kommen dann auch noch unsere Eltern dazu, und ihre Freunde.
Moderatorin: Dann habt ihr Euch ja gerade erst von Eurem Fest erholt?
Michael: Richtig, aber wir freuen uns jetzt schon auf das nächste.

▶ Track 5 Moderatorin: Und wen haben wir jetzt in der Leitung?
Frido: Frido. – Pfingsten natürlich.
Moderatorin: Hallo Frido, du meinst, dass Pfingsten dein Lieblingsfest ist?
Frido: Ja genau, da kommen immer meine Großeltern aus Amerika zu Besuch. Sie kommen immer am Freitag vor Pfingsten. Da fahren dann meine Geschwister und ich auch nach Hause – ich studiere in Halle – dann können wir das ganze lange Wochenende mit ihnen gemeinsam verbringen.
Moderatorin: Dieses Jahr ist Pfingsten erst im Juni, da müsst ihr aber noch lange warten.
Frido: Ja, leider.
Moderatorin: Bleib bitte dran, damit wir deinen Namen für die Verlosung notieren können, und jetzt spreche ich mit Sonja, stimmt's?

▶ Track 6 Sonja: Ja, ich mag Weihnachten. Das klingt vielleicht ein bisschen komisch, weil ich ja kein Kind mehr bin. Aber ich kaufe so gern Geschenke. Ich fange meistens schon im Sommer damit an. Wenn ich irgendetwas sehe und denke: Oh, das wäre etwas für Oma zum Beispiel, dann kaufe ich das.
Moderatorin: Danke dir. Das war also Sonja, die ihre Weihnachtsgeschenke schon im Sommer kauft. Hallo, wen haben wir jetzt? Den Andi!

▶ Track 7 Andi: Na, für mich ist es Ostern. Ich habe nämlich drei kleine Geschwister, Drillinge. Mein Papa hat noch mal geheiratet. Mir macht das einfach Spaß, die Eier zu färben, im Garten zu verstecken. Ich erzähle ihnen dann auch noch ein paar Geschichten über den Osterhasen. Blöd ist nur, wenn es regnet.
Moderatorin: Sind deine Geschwister Brüder oder Schwestern.
Andi: Zwei Schwestern und ein Bruder. Aber sie sind ganz verschieden.

▶ Track 8 Moderatorin: Und wir haben noch ein bisschen Zeit. Jule, dein Lieblingsfest?
Jule: Mein Namenstag. Den feiern meine Großmutter und ich immer zusammen. Ich mache blau und dann gehen wir erst mal gemeinsam frühstücken. Dann bummeln wir ein bisschen und kaufen uns gegenseitig Geschenke. Meistens was zum Anziehen. Dann besuchen wir noch ein Museum

Transkriptionen der Hörtexte

oder gehen ins Kino. Abends gehen wir dann piekfein essen.
Moderatorin: Was machst du denn?
Jule: Ich studiere Englisch und Französisch. Auf Lehramt.
Moderatorin: Heißt deine Oma auch Jule?
Jule: Sicher, deshalb feiern wir auch zusammen.
Moderatorin: Und das war auch schon unsere letzte Anruferin. Nun kommt Bernd mit den neuesten Kinofilmen ...

▶ Track 9 Abschnitt C
C2a und b
Anka: Hallo, Ferenc. Freut mich, dich zu sehen.
Ferenc: Hmmm ...
Anka: Was ist denn mit dir los. Seit Tagen gehst du nicht ans Telefon. Und hier sieht man dich auch nicht mehr. Da stimmt doch was nicht. Also, sag schon, was ist mir dir los?
Ferenc: Da. Lies.
Anka: Prüfung. Und, was bedeutet das für dich?
Ferenc: Siehst du auch das Datum.
Anka: Ach du Schreck, das ist ja morgen.
Ferenc: Genau. Das ist es ja.
Anka: Mathe?
Ferenc: Hmm ... Statistik. Und wenn ich die nicht schaffe, kann ich das ganze Semester noch mal machen.
Anka: Und, hast du nicht gelernt?
Ferenc: Doch, doch.
Anka: Hast du's nicht verstanden?
Ferenc: Doch, eigentlich schon.
Anka: Was ist dann das Problem?
Ferenc: Ach, ich weiß nicht. Ich hab einfach so ein schlechtes Gefühl. Was ist, wenn es nicht klappt?
Anka: Ach, Quatsch, das klappt schon. Komm, jetzt gehen wir erst mal eine Runde joggen. In einer halben Stunde im Park. O.k. Bis gleich.
...
Anka: Und, fühlst du dich besser.
Ferenc: Ja, schon. Danke. Jetzt mach ich noch eine Aufgabe und dann guck ich mir meinen Lieblingsfilm an.
Anka: Genau. Also, viel Glück! Du schaffst das, da bin ich mir ganz sicher.

▶ Track 10 Fokus Grammatik: *dass*-Sätze, indirekte Fragesätze mit *ob* und Fragewörtern
Aufgabe 1a
Gespräch – ohne Informationen
Mann 2: Was sagst du?
Mann 1: Ich sagte ...
Mann 2: Ja, das finde ich auch.
Mann 1: Ich will wirklich wissen, ...
Mann 2: Bestimmt.
Mann 1: Ich meine wirklich, ...
Mann 2: Das freut mich. So sehe ich das auch.
Mann 1: Na ja, also weißt du eigentlich ...
Mann 2: Ja, das weiß ich genau ...

▶ Track 11 Gespräch – mit Informationen
Mann 2: Was sagst du?
Mann 1: Ich sagte, dass Sophia wirklich nett ist.
Mann 2: Ja, das finde ich auch.
Mann 1: Ich will wirklich wissen, ob sie mich auch nett findet.
Mann 2: Bestimmt.
Mann 1: Ich meine wirklich, dass sie sehr, sehr nett ist.
Mann 2: Das freut mich. So sehe ich das auch.
Mann 1: Na ja, also weißt du eigentlich, ob sie einen guten Freund hat?
Mann 2: Ja, das weiß ich genau. Ich bin nämlich ihr Vater.
Mann 1: Oh.

Lektion 2: Viel Spaß
▶ Track 12 Einstiegsseite
Tag 1 Herzlich willkommen hier im Rostocker Hafen, international auch Rostock port genannt. Sie befinden sich hier in einem der größten deutschen Ostseehäfen. Meine sehr geehrten Damen und Herren, liebe Kinder, wir starten hier in einer halben Stunde zu unserer kleinen Ostseerundfahrt. Sie wird ungefähr eine Stunde dauern. Vorher aber ...
Tag 2 Wir befinden uns jetzt in einer der größten und bedeutendsten Kirchen weltweit. Die Kunstwerke dieser Kathedrale sind weit über die Grenzen der Stadt hinaus bekannt und berühmt. Bei unserem Rundgang werden wir uns die bekanntesten und wertvollsten Kunstgegenstände ansehen ...
Tag 3 Grüezi zusammen! Wir begrüßen Sie nun am dritten Tag Ihrer Reise in unserer zweitgrößten Stadt. Wussten Sie eigentlich, dass diese Stadt auf Französisch Genève, auf Italienisch Ginevra und auf Rätoromanisch Genevra heißt? Ja also, nun ich habe mir gedacht, dass Sie sich zuerst ein wenig in diesem netten Strandcafé hier erholen können. Und danach geht's ...
Tag 4 So, die Cremeschnitten und der kleine Braune für Sie, bitte sehr, danke schön ...
Tag 5 Und jetzt stehen wir vor dem Geburtshaus Mozarts. Hier wurde der bekannteste Bürger unserer Stadt am 27. Jänner 1756 geboren. Und gleich dahinter, da bekommt man die besten Salzburger Mozartkugeln – die aber, ehrlich gesagt, wenig mit dem Musiker und Komponisten zu tun haben. Jetzt besuchen wir ...
Tag 6 Meine Damen und Herren, dies ist der sechste Tag Ihrer Reise und Sie sind sicher viel zu müde, auf diesen Berg zu steigen und den Gipfel zu erklimmen ((zustimmende Kommentare)). Und deshalb geht es jetzt mit der Zugspitzbahn hier von Garmisch aus direkt zum Gipfelplateau. Dort oben haben Sie einen wunderbaren Ausblick und können Fotos machen aber auch Postkarten und Bildbände kaufen ...
Tag 7 Und zum Ausklang der Reise, bevor der Bus Sie zum Flughafen Wien-Schwechat bringt, geht es noch einmal

Transkriptionen der Hörtexte

hoch hinauf in die Lüfte: Aber nicht mit der Seilbahn sondern mit dem Riesenrad. Wir gehen hier ein kurzes Stück durch eine der großen Parkanlagen Wiens und kommen dann in den Vergnügungs- und Freizeitpark. Das Riesenrad sehen Sie dort hinten …

▶ Track 13 Abschnitt B
B3a, b und c
Klaus: Wie wäre mein Leben ohne Musik? Auf jeden Fall um viele Erfahrungen und Gefühle ärmer. Ich brauche Musik und lebe mit ihr. Musik verbindet mich mit Freunden. Manchmal macht Musik mich stark, macht mir sogar Mut. Und wenn ich traurig bin, hilft sie mir, richtig traurig zu sein. Wenn ich fröhlich sein will, macht sie gute Laune. Nein, ich selbst bin kein Musiker. Aber Klänge und Melodien hören, die Melodie und den Rhythmus verstehen, und den Zusammenhang zwischen Text und Musik, all das verbinde ich mit Liedern und deren Texten. Natürlich mag ich nicht alles, was so im Radio oder Fernsehen kommt. Man muss halt auswählen. Man hat ja seinen eigenen Musikgeschmack. Der kann sich jedoch im Laufe der Zeit verändern – und dann hört man plötzlich ganz andere Lieder. Also ich mag Lieder, die gute Texte haben.

▶ Track 14 **Pedro:** Auch ich liebe Musik. Wenn man mich nach der Musikrichtung fragt, kann ich das nicht beantworten. Für mich gibt's nur Musik, die ich mag, und solche, die ich nicht mag. Das kann schon mal ein Hit im Radio sein, den es nur ganz kurz gibt, eine gute Rock-CD oder auch ein tolles, altes klassisches Stück, also alles. Auch kann ich an dem einen Tag etwas ganz toll finden und stundenlang hören, es aber am nächsten Tag sofort abschalten, weil es mir auf die Nerven geht. Das hängt von meiner Laune ab. Aber eigentlich höre ich ständig irgendwelche Musik, ich mag es nicht, wenn es still ist.

▶ Track 15 **Ami:** Ich persönlich bin mit Musik groß geworden, die gehört zu meinem Leben wie Zähneputzen. Ich stehe einfach auf Rockmusik und Metal der 90er. Perfekte, klare Sounds von Metallica zum Beispiel. Aber auch coole Klassiker von Led Zeppelin und Deep Purple. Oder auch melancholische Musik von Apocalyptica. Sehr oft höre ich aber auch Klassik von Mozart, Beethoven und Bach. Das scheint sich zu widersprechen, aber ich spiele selber Querflöte und Klavier. Ganz neu für mich sind asiatische Klänge: Ich bin zwar hier in Deutschland aufgewachsen, aber meine Mutter kommt aus Japan. Ich habe diese Musik jetzt für mich entdeckt: Ich finde sie sehr schön und harmonisch, sie beruhigt mich. Vielleicht lerne ich auch noch ein japanisches Instrument.

▶ Track 16 **Lilo:** Die Wirkung von Musik hängt immer von der Situation ab, in der man gerade ist, davon bin ich überzeugt. Das geht schon so weit, dass ich mir ab und zu beim ersten Hören eines Liedes vorstelle, wo und zu welcher Situation es am besten gespielt werden könnte. Und wenn ich dann in der Stimmung bin, dann suche ich mir genau das Lied auf meinem mp3-Player. Nicht selten lade ich mir Musik runter, die gerade zu meiner Stimmung passt. Aber es ist gar nicht so ein Chaos, wie es klingt. Denn eigentlich ist es meistens doch irgendwie Jazzmusik. Da gibt es halt viele unterschiedliche Stile und Musiker. Aber – und das stimmt wirklich, ich höre nur abends Musik. Morgens oder so, da geht mir der Krach total auf die Nerven, so auch bei der Arbeit.

▶ Track 17 Fokus Grammatik: Pronomen im Kontext
Aufgabe 1
– Das ist **mein** Auto.
– Welches? **Das** Auto da? **Das** ist aber alt.
– Fährt **es** überhaupt noch?
– Weißt du was, **meins** ist noch älter.
– Ich hätte lieber **dieses** hier.
– Sag mal, hast du eigentlich **keins**?
– Nein, ich brauche **kein** Auto, ich habe **ein** Fahrrad.

▶ Track 18 Aufgabe 3
Beispiel a Haben Sie das im Text gelesen?
Beispiel b Hier ist mein neuer Vertrag und hier ist auch die Unterschrift vom Chef. Die ist am wichtigsten.
Beispiel c Natürlich haben wir unserem Nachbarn schon gesagt, dass die Musik zu laut ist. Aber dem ist doch alles egal.
Beispiel d Ach, ich nehme die da. Für eine Wohnung muss ich mich ja entscheiden.
Beispiel e Welchen Pulli würdest du nehmen? Ich glaube, dieser hier steht mir besser. Was meinst du?

▶ Track 19 Fokus Grammatik: Verben mit sich
Aufgabe 2
Beispiel 1 Sollen wir uns morgen wieder hier treffen?
Beispiel 2 – Interessieren Sie sich für Motorsport?
– Nein, also, wirklich nicht. Eher für Boxen. Aber nur ein wenig.
Beispiel 3 Du guck mal, die beiden da, ich glaube, die verstehen sich prima. Was meinst du? Vielleicht wird das ja was.
Beispiel 4 Unser neuer Kollege, na ja, seinen Job macht er gut, aber er kann sich einfach nicht integrieren. Ich weiß auch nicht, warum.
Beispiel 5 – Hört mal, ihr beiden, über Probleme muss man reden, ihr solltet euch mehr öffnen.
– Was gehen dich denn unsere Probleme an?
Beispiel 6 – Hmm, wie soll ich es sagen, ich würde mich so gern noch mal mit Ihnen verabreden. Sagen wir morgen?
– Ach, ich weiß nicht.
– Wollen Sie nicht, dass wir uns besser kennenlernen?
– Doch.

Transkriptionen der Hörtexte

– Na also. Dann einigen wir uns auf übermorgen, okay?
Beispiel 7 Oh, da kommt Roland. Eigentlich will ich mich ja schon seit Wochen von ihm trennen, aber ich kann's einfach nicht.
Beispiel 8 Komm, wir gehen, hier kann man sich ja nicht mal in Ruhe unterhalten.
Beispiel 9 – Jetzt kenne ich Sie schon so lange, und wir siezen uns noch immer. Sollen wir nicht du sagen?
– Ich duze mich grundsätzlich nicht mit fremden Männern.
– Was heißt hier fremd? Wir kennen uns doch schon seit zehn Minuten!

Lektion 3: Mal was anderes
▶ **Track 20 Abschnitt A**
A2a, b und d
Moderation: Immer mehr Menschen verlassen Deutschland, um für eine bestimmte Zeit oder sogar für immer im Ausland zu leben. Wir haben Deutsche, die noch ins Ausland gehen wollen oder es schon gemacht haben, nach ihren Gründen und Motiven gefragt.

▶ **Track 21 Antwort 1**
Auf jeden Fall will ich ins Ausland gehen! Das mache ich sobald wie möglich, am besten schon nächstes Jahr. Wer heute wie ich in einer großen Firma wie Siemens oder BMW Karriere machen will, der braucht Auslandserfahrung, das gehört einfach dazu. Da können Sie fragen, wen Sie wollen. Außerdem möchte ich ja auch mal was anderes kennenlernen als immer nur meine Heimatstadt Bayreuth. Neue Erfahrungen, neue Menschen, ein neues Land, eine neue Kultur. Das finde ich spannend. Und ich denke, das sollte man machen, solange man jung ist, bevor man ans Heiraten und an Familie denkt und so.

▶ **Track 22 Antwort 2**
Meine Frau und ich haben uns vor fünf Jahren, als wir endlich in Rente gehen konnten, ein kleines Haus in Südfrankreich gekauft. Das war schon immer unser Traum. Wir lieben Frankreich, die Sprache, die Menschen. Wir möchten einfach gut wohnen, gut essen, gut schlafen, in der Sonne liegen und keine grauen Novembertage vor dem Fernseher verbringen. Hier können wir wandern, Rad fahren und die Natur genießen – und das meistens bei schönem Wetter. Unsere Kinder waren zuerst traurig, weil wir unser Haus in Münster verkauft haben, aber inzwischen können sie uns auch gut verstehen.

▶ **Track 23 Antwort 3**
Wissen Sie, ich habe seit 15 Jahren meinen eigenen Friseurladen in Berlin. Zuerst lief's ganz gut. Man hatte seine Kunden, die immer wiederkamen. Aber in den letzten Jahren ist die Konkurrenz immer größer geworden, überall gibt es jetzt diese Billigfriseure: Zehn Minuten Haare schneiden für acht Euro! Wissen Sie, was das heißt? Viele Kunden und keine Qualität. Ich kann und will so nicht arbeiten. Letztes Jahr habe ich dann übers Internet eine Kollegin aus Kanada kennengelernt, die sich selbstständig machen wollte und noch eine Mitarbeiterin suchte. Da hab ich mir gedacht, warum nicht? So weitermachen wie bisher möchte ich jedenfalls nicht. Nächsten Monat geht's los. Ganz schön aufregend, das sag ich Ihnen! Keine Ahnung, was mich da erwartet … Aber zurückkommen kann ich ja immer noch, wenn's nichts wird.

▶ **Track 24 Antwort 4**
So vor vier Jahren habe ich einen alten Freund zum ersten Mal in Singapur besucht. Er hatte dort seit einigen Jahren beruflich zu tun. Abends waren wir oft mit Freunden und Bekannten in Bars und Clubs unterwegs. Ja, und da habe ich dann Rowain kennengelernt, eine Singapur-Chinesin. Wir waren uns von Anfang an sehr sympathisch, aber es hat dann noch eine ganze Zeit gedauert, bis was Festeres daraus wurde. Es ist ja auch verrückt, eine Fernbeziehung über so eine Distanz! Aber irgendwie hat's gehalten und in zwei Wochen ziehe ich zu ihr. Wir haben geheiratet und beschlossen, gemeinsam in Singapur zu leben. Ich spreche gut Englisch und als Ingenieur kann ich dort auch einen Job finden.

▶ **Track 25 Antwort 5**
Ach, ich möchte einfach noch mal von vorn anfangen, etwas ganz Neues. Immer dasselbe, jahrein, jahraus. Derselbe nervige Chef, dieselben schlechten Politiker, das ständig kalte Wetter. Meine Kinder sind ja schon lange aus dem Haus und haben ihre eigenen Familien gegründet. Und seit mein Mann und ich uns getrennt haben, hält mich wirklich nichts mehr in Deutschland. Letztes Jahr war ich in Brasilien im Urlaub, ganz im Süden. Dort habe ich mich so wohl gefühlt. Das positive Lebensgefühl der Menschen, ihre Freundlichkeit. Und jetzt habe ich einfach meine Wohnung vermietet und möchte versuchen, dort ein kleines Strandlokal zu eröffnen. Dazu habe ich richtig Lust. Hier halten mich wohl alle für verrückt, aber ich weiß einfach, dass das mein Weg ist.

▶ **Track 26 Fokus Grammatik: Vorschlag mit *sollte***
Aufgabe 2 a
Beispiele mit Modalpartikeln
– Du solltest **vielleicht mal** meine Freundin Anne fragen. Die arbeitet doch in einem Modegeschäft.
– Du solltest dir **vielleicht lieber** eine Modezeitschrift kaufen und dich erst mal informieren.
– Sonja meint, ich sollte **doch mal** in eine Modeboutique gehen. Aber die sind mir zu teuer.
– Du solltest **einfach mal** eine sportliche Hose und ein tolles T-Shirt anprobieren.

Transkriptionen der Hörtexte

Beispiele ohne Modalpartikeln
- Du solltest meine Freundin Anne fragen. Die arbeitet in einem Modegeschäft.
- Du solltest dir eine Modezeitschrift kaufen und dich erst informieren.
- Sonja meint, ich sollte in eine Modeboutique gehen. Aber die sind mir zu teuer.
- Du solltest eine sportliche Hose und ein tolles T-Shirt anprobieren.

Lektion 4: So war's

▶ **Track 27 Abschnitt A**
A1a und c
Endlich war er da, mein erster Schultag, endlich war ich so groß, wie meine Freunde, die schon in der Schule waren. Warum ich mich so gefreut hab? Weil ich lernen wollte. Im Kindergarten und in der Vorschule war mir schon so langweilig gewesen, immer nur malen und basteln. Was mich interessiert hat? Schreiben, lesen, rechnen.
Aber dieser erste Schultag, der hat mich wirklich enttäuscht. Erst musste man sagen, wie man heißt, wo man wohnt, ob man sich auf die Schule freut. Das war ziemlich langweilig. Dann endlich durften wir unsere Schultüten auspacken. In meiner waren – ich weiß es noch ganz genau – eine Schere, ein Kleber, ein Federmäppchen mit einem Bleistift und einem Radiergummi, mit einem Anspitzer und einem neuen Füller. Dann waren da noch eine Packung mit 24 Buntstiften, ein Kugelschreiber, ein Marker und ein Tagebuch. Ein echtes Tagebuch! Ich war überglücklich. Ich habe mir auch gleich etwas vorgenommen: „Da werde ich alles aufschreiben, was ich in der Schule lerne". Erst dann hab ich gesehen, dass die anderen lauter Süßigkeiten hatten, und Kuscheltiere und Spielautos. Das fand ich ziemlich doof. Die Lehrerin hat dann zu mir gesagt: Den Füller, den brauchst du doch noch gar nicht. Erst wenn du schreiben kannst."
„Aber ich kann doch schon schreiben", hab ich geantwortet. Da hat sie mich ganz böse angeschaut. Zwei Jahre war ich bei ihr im Unterricht. Es wurde nicht interessanter und ich habe eigentlich nichts gelernt. Und Freundinnen sind wir auch nicht geworden, Frau Seidenfaden und ich.

▶ **Track 28 Fokus Grammatik: Zeitangaben**
Aufgabe 4
- Kannst du mir mal schnell in der Küche helfen und die Spülmaschine einräumen?
- Doch, doch, ich mache es, aber nicht sofort. Ich mache es später.
- Ja gern, ich komme sofort.
- Klar, kein Problem, komme gleich.
- Ja klar, nur nicht jetzt, aber bald.
- Erst muss ich noch mein Computerspiel fertig machen, dann mach ich es.
- Ach, kann ich das nicht nachher machen?

▶ **Track 29 Abschnitt D**
D2a und b
Moderatorin: Liebe Hörerinnen und Hörer, wie immer um diese Zeit „der aufregendste Augenblick in meinem Leben". Rufen Sie uns an und erzählen Sie. Es gibt nur eine Bedingung: Partner finden, Heiraten und Kinder bekommen gilt in dieser Sendung nicht. Und da haben wir auch schon den ersten Anrufer ... Hallo, ...
Isi Schäfer: Ja, hallo, hier ist Isi, ja, also ich habe ja – wie andere auch – im Gymnasium drei Fremdsprachen gelernt. Aber meine Eltern konnten sich große Reisen nie leisten, sie hatten nicht viel Geld, ich konnte also diese Sprachen nie wirklich anwenden. Ich hatte auch gute Noten, also meine Sprachkenntnisse waren gut, dachte ich. Ich konnte auch – fließend sprechen, im Unterricht. Als ich dann mein Abitur hatte, kam meine Oma und sagte: „Als du auf die Welt gekommen bist, habe ich einen Sparvertrag für dich abgeschlossen. Das ist nicht sehr viel Geld, aber du kannst damit drei oder vier Monate ins Ausland gehen, mal deine Sprachenkenntnisse ausprobieren." Das war meine Großmutter!
Keiner wusste, dass es diesen Sparvertrag gibt. Ich habe dann in London, Paris und Madrid jeweils vier Wochen Sprachkurs gemacht, und auch Landeskunde-Seminare besucht und dort etwas über die Kultur und die Gesellschaft des Landes gelernt. Denn als ich in den Ländern ankam, da war klar: Von fließend Sprechen konnte keine Rede sein: In der Schule haben wir viel gelesen, viel übersetzt, aber die Leute auf der Straße oder auf Festen verstehen, das ist was ganz anderes. In Grammatik war ich auch gut, aber als ich in der U-Bahn erwischt wurde und erklären wollte, dass ich nur vergessen hatte, meine Fahrkarte zu stempeln, hatte ich keine Ahnung, wie man das auf Englisch sagt.
Moderatorin: Nein, ehrlich, wüsste ich auch nicht ...
Isi Schäfer: Ja, und jetzt habe ich die Aufnahmeprüfung am Dolmetscherinstitut geschafft, alles dank meiner Oma und ihrem Sparvertrag.
Moderatorin: Das ist ja eine wunderbare Geschichte. Und da haben wir auch schon den nächsten Anrufer.

▶ **Track 30 Ulrich Meier:** Ja, hallo, hier ist Ulrich Meier, ja, ich bin von Beruf Förster. Vor ein paar Jahren, da hatte ich mein Revier in Thüringen noch, also einen großen Wald, um den ich mich ganz allein kümmern musste, das heißt, ich musste den Wald sauber halten, Bäume pflanzen, Tiere und Pflanzen vor Touristen schützen. Ich war also mal wieder im Wald unterwegs, als meine Frau mich übers Handy anrief. Sie sagte, ich soll sofort im Ministerium anrufen. Das Ministerium ist für mich der Chef, sozusagen. Ich habe mich etwas gewundert, aber gleich angerufen. Dort sagte man mir, dass ich am nächsten Tag einen wichtigen Termin hätte, wegen Personalfragen. Sie können sich denken, wie nervös ich wurde.

Transkriptionen der Hörtexte

Moderatorin: Klar, ...
Ulrich Meier: Den ganzen Tag, die ganze Nacht habe ich überlegt, was ich falsch gemacht haben könnte. Aber der Wald war in Ordnung. Vielleicht ein Fehler in den Abrechnungen? Ich konnte mir wirklich nicht vorstellen, was das Problem war. Am nächsten Tag war ich pünktlich im Ministerium. Anfangs saß ich noch allein im Zimmer, dann kam mein Vorgesetzter herein, begrüßte mich freundlich und sagte: „Also, wir wollen gar nicht lange von etwas anderem reden, ich wollte Sie fragen, ob Sie Lust haben, das neue große Naturschutzgebiet zu leiten." Ich, Leiter des neuen Naturschutzgebietes, ich konnte kein Wort sagen. „Was ist, wollen Sie nicht?" fragte mein Chef. „Doch selbstverständlich, sehr gern." „Na, also", sagte er, „dann herzlichen Glückwunsch." Und so änderte sich mein ganzes Leben in einigen Sekunden.
Moderatorin: Und wir haben noch Zeit für einen Anrufer ...

CD 2

Lektion 5: Also gut, geht in Ordnung
▶ Track 2 Abschnitt A
A1
Leitner: Autohaus Stockinger, Josef Leitner, guten Tag, was kann ich für Sie tun?
Taler: Guten Tag, hier ist Eva Taler,
Leitner: Ah, guten Tag Frau Taler, Sie brauchen wieder mal einen Service, stimmt's?
Taler: Ja genau, und der TÜV wird wieder fällig, vielleicht können Sie den Wagen wieder fit machen, und kleiner Service, Sie wissen schon.
Leitner: Wird gemacht, wann wollen Sie kommen, wäre Ihnen Donnerstag früh um acht Uhr recht?
Taler: Perfekt! Bin ich da. Ja also, überprüfen Sie den Wagen bitte doch genau, Ölwechsel ist glaub ich auch fällig, ich möchte nicht allzu viel ausgeben, aber durch den TÜV muss der Wagen natürlich.
Leitner: Alles klar, wie immer, Ölfilter sind wahrscheinlich auch fällig, Bremsbeläge schauen wir an, das Übliche halt.
Taler: Na bestens, und wann glauben Sie, kann ich den Wagen wieder abholen?
Leitner: Wenn alles glatt geht, dann müsste er Donnerstagabend spätestens fertig sein, aber wahrscheinlich schon gegen Mittag.
Taler: Ach, rufen Sie mich doch bitte an, wenn es so weit ist, das wäre sehr nett. Ich stelle den Wagen dann am Mittwochabend schon hin, ja und mit dem Schlüssel, Sie wissen schon, wie gewöhnlich in Ihrem Auftragsbriefkasten. Ich leg zur Sicherheit auch noch einen Zettel mit rein. Vielen Dank dann.
Leitner: Tschüss, Frau Taler, und weil Sie es sind, machen wir auch noch eine Autowäsche, ist das ein Service?

Taler: Was man nicht so alles macht für Stammkunden, stimmt's?

▶ Track 3 A3b
Leitner: Autohaus Stockinger, Josef Leitner, guten Tag, was kann ich für Sie tun?
Taler: Was kann ich für Sie tun, Sie sind vielleicht gut. Wissen Sie, was ich heute bekommen hab? Ihre Rechnung hab ich bekommen! Da bleibt einem ja die Luft weg: 2067 Euro und 22 Cent. Da kann ich mir ja fast einen neuen Wagen kaufen! Ich kann mich gar nicht beruhigen.
Leitner: Ja, aber wir haben doch nur genau das gemacht, was wir vereinbart haben. Genau nach Ihrem Auftrag, ich verstehe jetzt Ihre Aufregung nicht.
Taler: Aber Sie müssen mich doch anrufen, bevor Sie eine so große Reparatur machen.
Leitner: Sie haben den Auftrag doch schriftlich bestätigt. Sie haben doch selber noch extra geschrieben dass wir uns um die Bremsen kümmern sollen, der Wagen zieht nach links, haben Sie geschrieben. Mit diesen Bremsen hätten Sie keinen Meter mehr fahren dürfen! Und die TÜV-Plakette bekommen Sie damit auch nicht, nirgendwo! Jetzt können Sie beruhigt wieder in Ihr Auto steigen und mit den Bremsen haben Sie jetzt für einige Zeit Ruhe.
Taler: Und der Katalysator? Was soll das?
Leitner: Aber Frau Taler, das ist doch Vorschrift. Die Abgasuntersuchung. Sonst bekommen Sie Ihre TÜV-Plakette doch nicht. Ihr Katalysator war kaputt. Wundert mich, dass Sie das nicht gemerkt haben. Der Wagen ist doch bei höherer Geschwindigkeit gar nicht mehr richtig gefahren ...
Taler: Ich hab Ihnen doch gesagt, ich will wenig ausgeben. Sie hätten mich anrufen müssen!!!
Leitner: Aber ohne TÜV und Abgasuntersuchung dürften Sie doch gar nicht mehr fahren!!
Taler: Nein, nein, so leicht kommen Sie mir da nicht davon, das bekommen Sie von mir auch noch mal schriftlich.
Leitner: Aber Frau Taler ...

▶ Track 4 Fokus Grammatik: Relativpronomen – Relativsatz
Aufgabe 2a
Text 1: Zum Glück leben wir in einer Stadt, in der es noch einen Wochenmarkt gibt.
Text 2: Der Mann da drüben auf dem Bürgersteig, den du vor dem Schreibwarengeschäft siehst, das ist unser neuer Bürgermeister. Ist er nicht ein eleganter Mann?
Text 3: Was? Mir wollen Sie das Gemüse verkaufen, das die anderen nicht haben wollten? Ich weiß genau, warum die das nicht haben wollen.
Text 4: Tss, da ist schon wieder der ältere Mann, der immer so ein Theater macht. Der glaubt immer, man will ihn betrügen.

TRANSKRIPTION 77

Transkriptionen der Hörtexte

Text 5: Morgen ist unser Bürgerfest, bei dem du mal wieder nicht mitmachst. Du gehst ja lieber auf eine Demonstration.
Text 6: Welche Demo? Meinst du etwa die, die dein lieber Bürgermeister verboten hat? Aber dem werden wir es zeigen. Das lässt sich unsere Bürgerinitiative nicht gefallen.

▶ Track 5 Abschnitt C
C2a und b
Student: Guten Tag. Ich bin Student vom Studentenwohnheim Luisenstraße. Wir möchten ein Straßenfest machen. Und ich habe gehört, da brauchen wir eine Genehmigung?
Pförtner: Jawohl. Da müssen Sie ins neue Rathaus. Das ist gleich das Gebäude gegenüber, auf der anderen Straßenseite. Zimmer 214, Frau Arnold.
Student: Ah, ja. Danke.
Pförtner: Und vergessen Sie nicht eine Nummer zu ziehen, Sie werden dann aufgerufen.
Frau Arnold: Ja, bitte. Nehmen Sie Platz. Worum geht's?
Student: Also, ähm, ich bin Student. Und ich wohne im Studentenwohnheim in der Luisenstraße.
Frau Arnold: Ah, da gab's in den letzten Monaten einige Beschwerden, wenn ich mich recht erinnere.
Student: Ja, stimmt schon. Und da haben wir gedacht … Also, da hatten wir die Idee: Wir machen ein Straßenfest. Wissen Sie, viele haben einfach auch nur Vorurteile. Gegen Studenten, manche vor allem gegen ausländische Studenten.
Frau Arnold: So, so, ein Straßenfest.
Student: Ja, da können die uns einfach mal kennenlernen. Wir wollen da Musik machen. Essen verkaufen, Kuchen anbieten … Und jemand meinte, ich muss hier fragen, ob wir das dürfen.
Frau Arnold: Genau, da brauchen Sie eine Genehmigung.
Student: Und, bekommen wir die?
Frau Arnold: Langsam, langsam. Also, wann soll denn das Straßenfest stattfinden?
Student: Ähm, am 16. Juli, oder am 23., wenn's am 16. regnet.
Frau Arnold: Also in knapp fünf Wochen.
Student: Und?
Frau Arnold: Ein bisschen knapp. Sie müssen die Genehmigung drei Wochen vor dem Termin haben.
Student: Aber zwei Wochen …
Frau Arnold: Sie brauchen für die Genehmigung Unterschriften der Anwohner. Dass die damit einverstanden sind, dass Sie ein Straßenfest machen.
Student: Hab ich, es haben fast alle unterschrieben.
Frau Arnold: Gut, geben Sie mal her. Was haben Sie denn so vor?
Student: Also, was zu essen, so Bratwürste, Hamburger und was man so bei uns zu Hause isst, aber das machen wir alles selber. Auch den Kuchen. Tee und Kaffee. Und Limonaden, auch selbst gemacht.

Frau Arnold: Sonst.
Student: Ja, noch Bowle.
Frau Arnold: Da brauchen Sie aber noch eine andere Erlaubnis, wenn Sie Alkohol verkaufen wollen.
Student: Nein, nein, ohne. Wer Alkohol trinken will, der kann sich das da in der Kneipe holen, die hat sowieso Tische auf der Straße. Oder mitbringen.
Frau Arnold: Gut, und sonst nichts, kein Programm?
Student: Hier steht alles, also wir haben einen Clown, für die Kinder, und Spiele natürlich. Klar, und ein Kasperletheater, das mache ich.
Frau Arnold: Musikprogramm? Haben Sie da irgendwelche Vorstellungen?
Student: Klar. Unsere Bands, die machen Musik, ab 18 Uhr.
Frau Arnold: Bis?
Student: Bis 22.00 Uhr?
Frau Arnold: Genau, und keine Minute länger. Sonst müssen Sie Strafe zahlen, bis zu 5000 Euro.
Student: Oh.
Frau Arnold: Also, ich drucke Ihnen ein Formular aus, das Datum usw. habe ich schon eingetragen. Füllen Sie den Antrag genau so aus, wie wir das besprochen haben und bringen Sie mir das Formular wieder. Sie bekommen dann in ein paar Tagen die Genehmigung.
Student: Oh, danke.
Frau Arnold: Sie bekommen dann von der Polizei, von der Bezirkspolizei, eine genaue Beschreibung, was sie machen müssen, welche Verkehrsschilder Sie besorgen müssen. Wir müssen ja die Straße sperren, so einfach geht das ja nicht. Das ist aber nicht teuer. Und dann bekomme ich Geld von Ihnen: Zirka hundert Euro kostet das, wenn Sie die Luisenstraße für ein Fest mieten. Das Geld überweisen Sie bitte auf das angegebene Konto. Das finden Sie dann in der Genehmigung.
Student: Miete bezahlen?
Frau Arnold: Ja klar. Also, und noch ein Tipp: Fragen Sie den Kneipenwirt, ob er Tische und Bänke besorgen kann. Das macht der sicher. So, hier Ihr Formular, legen Sie es dann ausgefüllt und unterschrieben da auf den Tisch.
Student: Vielen Dank. Hoffentlich regnet es nicht.
Frau Arnold: Ich komm dann mal vorbei und schaue nach, ob alles in Ordnung ist.
Student: Klar, wir freuen uns, wenn Sie kommen. Und vielen Dank. Auf Wiedersehen.

▶ Track 6 Fokus Grammatik: Aufforderungen
Aufgabe 1
Text A
Prüfer: Na, dann fahren Sie mal los, dann sehen wir ja, was Sie können. So, jetzt fahren Sie bitte links. Stopp. Haben Sie nicht gesehen, das ist eine Einbahnstraße. Na, dann fahren Sie mal weiter. Bitte in den Kreisverkehr hinein. – Mein Gott, das war knapp. Sagen Sie nicht, Sie haben das Auto nicht gesehen. Das gibt es doch nicht. An

Transkriptionen der Hörtexte

der zweiten Ausfahrt rausfahren und gleich links abbiegen. O.k., das war die dritte, fahren Sie dann bitte bis zur nächsten Parklücke und parken Sie ein. Stopp, aufhören. Das kann doch nicht wahr sein. Sie haben fast das Auto beschädigt. Hatten Sie überhaupt Fahrstunden?
Fahrprüfling: Also, ich habe meine Brille vergessen. Ich kann nichts sehen.
Prüfer: Das ist mir egal: Sie nehmen noch zehn Fahrstunden und dann melden Sie sich wieder zur Prüfung an, von mir aus mit Brille.

▶ **Track 7 Text B**
Yogalehrerin: Wir stellen uns hin. Rücken gerade, Kopf direkt über dem Körper. Wir entspannen unsere Arme. Und wir atmen ganz langsam aus. Und ziehen dabei Brust und Bauch ein. Wir atmen ganz aus. Unsere Lunge wird ganz leer. Nun atmen wir wieder ein. Brust und Bauch raus. Wir halten die Luft an und zählen bis fünfzehn. Und atmen wieder aus, langsamer als wir eingeatmet haben. So, und nun das Ganze noch einmal von vorn.

▶ **Track 8 Text C**
Tanzlehrer: Liebe Tanzinteressierte, guten Abend allerseits. Ich begrüße Sie zu unserem dritten Abend. Auf dem Programm steht heute der langsame Walzer. Ich zeige Ihnen zuerst einmal den Grundschritt. Im langsamen Walzer beginnt die Dame. Sie macht mit dem linken Fuß einen Schritt rückwärts. Sie setzt den rechten Fuß zur Seite und schließt den linken Fuß zum rechten. Dann geht sie mit dem rechten Fuß nach vorn, geht mit dem linken Fuß zur Seite und schließt den rechten Fuß zum linken. So, jetzt machen wir das mal alle gemeinsam. – Links rück, zur Seite, schließen. Rechts vor, zur Seite, schließen. Und weiter links rück, zur Seite, schließen, rechts vor, zur Seite schließen ...

▶ **Track 9 Text D**
Herr Schulte: Frau Meier, könnten Sie uns bitte einen Kaffee machen?
Frau Meier: Ihr Kaffee, Herr Schulte.
Herr Schulte: Ah ja, danke Frau Meier. Wir brauchten dann noch die Verkaufszahlen der letzten zehn Monate.
Frau Meier: Bringe ich sofort, Herr Schulte.
Herr Schulte: Und den Plan fürs nächste Quartal.
Frau Meier: So, das wären die Unterlagen: Hier die Verkaufsstatistik, hier unsere Planung für die kommenden drei Monate.
Herr Schulte: Würden Sie uns vielleicht noch einen Tisch reservieren? Für vier Personen, Herr Kaufmann vom Export kommt auch mit.
Frau Meier: Darf's auch im Burggasthof sein? Sie wissen, das Restaurant Rosario hat heute Ruhetag.
Herr Schulte: Ja. Für halb zwei bitte.

Lektion 6 Gefällt mir

▶ **Track 10 Fokus Grammatik: Ortsangaben**
Aufgabe 1a
Möbelpacker: Guten Tag, wohin kommen die Möbel?
Rosa: Oh, das ist ganz einfach. Sehen Sie, die neue Badewanne stellen Sie bitte ins Badezimmer, hinter die Toilette in die Ecke. Morgen wird sie eingebaut. Der Stuhl, der kommt neben das Waschbecken. Das Bett stellen Sie bitte ins große Zimmer an diese Wand hier, danke, dafür den Schreibtisch vor das Fenster im kleinen Zimmer, das ist das Arbeitszimmer. Die Regale, die kommen hier im Wohnzimmer zwischen die Kommode und den Fernseher. Super. Das kleine Tischchen, ach, einfach hinter den Sessel auf den Teppich. Danke.
Möbelpacker: Und das Foto?
Rosa: Ach, den Sascha. Warten Sie, vielleicht unter das Bett, nein, lieber hinter das Sofa, nein, wissen Sie was, lieber gleich in den Müll, der Typ geht mir nämlich ziemlich auf die Nerven.

▶ **Track 11 Abschnitt C**
C2a
– Gefährliche Stoffe dürfte man nicht verkaufen, das ist doch klar, oder?
– Diese Kennzeichnung kann man auch verstehen, wenn man die Sprache nicht versteht. Super.
– Man müsste die Produktion von solchen Stoffen verbieten.
– Damit kann man Unfälle verhindern.
– Wirklich vernünftig, weil das jeder verstehen kann.
– Nicht so gut, weil man die Symbole leicht verwechseln kann.
– Man sollte nur Mittel produzieren, die nicht gefährlich sind.
– Ein guter Versuch, das international zu regeln. Aber ob sich alle Länder daran halten werden? Das glaube ich nicht.
– Ich habe kein Vertrauen, dass Symbole helfen. Die Leute machen doch, was sie wollen.

▶ **Track 12 Abschnitt D**
D2a und b
Moderatorin: Heute findet der internationale Kongress „Computer aktuell" statt. Viele Fachleute aus dem In- und Ausland treffen sich hier, um über die Zukunft unserer Arbeit am und mit dem Computer zu diskutieren. Hier im Studio darf ich jetzt Herrn Harry Bohnenkamp, Fachmann für Computer- und Internetanwendungen, begrüßen. Herr Bohnenkamp, wie steht es um meinen Computer zu Hause?
Bohnenkamp: Meinen Sie das große, graue Ding neben oder unter Ihrem Schreibtisch? Das hat ausgedient, das können Sie entsorgen. Das gehört der Vergangenheit an.
Moderatorin: Warum?
Bohnenkamp: In den 80ger Jahren des letzten Jahrhunderts ging es ja darum, wie viele Megabyte eine Festplatte hat.

Transkriptionen der Hörtexte

Immer wieder wurden Festplatten entwickelt, die immer mehr Speicherkapazität hatten. Es wurden also Computer hergestellt, die immer schneller arbeiten, und so auch immer mehr und größere Dateien speichern konnten. Stellen Sie sich vor, der erste Computer von meinem Vater hatte achtzig Megabyte. Achtzig. Wir aber sprechen mittlerweile schon von Terabyte. Hier bei meinem Handy von Gigabyte. Das hat zum Beispiel 5,5. Mein USB-Stick hier an meinem Schlüsselbund – ein Werbegeschenk – hat 32 Giga.
Moderatorin: Beeindruckend. Und wie arbeite ich aktuell am besten mit dem Computer?
Bohnenkamp: Also, bis jetzt werden die Daten ja oft noch auf einem Gerät gespeichert. Allmählich geschieht das allerdings auf irgendwelchen entfernten zentralen Rechnern. Immer mehr Leute machen das ja schon: Sie haben ihre Texte, Dateien, Dokumente und so weiter auf einem entfernten Server, also Rechner gespeichert.
Moderatorin: Was hat das für einen Vorteil?
Bohnenkamp: Sie kommen immer an ihre Daten heran. Und der entfernte Computer kann so viel, das kann kein Gerät zu Hause. Der arbeitet schneller, besser. Der hat auch immer die aktuellsten Programme.
Moderatorin: Wie funktioniert das, wenn man zum Beispiel einen Text schreibt?
Bohnenkamp: Gut, also Sie wollen einen Text erstellen, zum Beispiel über dieses Thema. Das Programm für die Textverarbeitung starten Sie auf dem entfernten Rechner. Sie drücken zu Hause auf Ihre Tastatur, sie schauen in Ihren Bildschirm, aber es ist nicht Ihr Rechner, Computer, der arbeitet, sondern der entfernte Rechner.
Moderatorin: Gibt es dafür ein Fachwort.
Bohnenkamp: Na ja, Fachwort: Manche nennen es Cloud-Computing. Das ist ein schönes Bild: Sie haben sozusagen alles in einer Wolke gespeichert.
Moderatorin: Und mein Computer zu Hause?
Bohnenkamp: Ein kleines Gerät, das ganz schnell ins Internet kann. Denn genauso wie die Textdatei können Sie Ihre Musik, Ihre Fotos, einfach alles abspeichern.
Moderatorin: Und was mache ich, wenn mein Gerät kaputt geht?
Bohnenkamp: Das ist ja das Gute. Jeder von uns kennt doch jemanden, der mit seiner Abschlussarbeit fertig war, und dann ist sein Computer kaputt gegangen. Festplatte kaputt, Arbeit weg. Das kann Ihnen nicht mehr passieren. Sie können mit jedem kleinen Computer, mit Ihrem Tablet oder Ihrem Smart-Phone an die Daten. Und zwar an alle Daten.
Moderatorin: Ist das nicht sehr teuer?
Bohnenkamp: Nein. Für private Anwender gibt es sogar kostenlose Speicherplätze oder sie kosten ein paar Cent im Monat. Aber richtig interessant ist das für große Firmen: Statt im Unternehmen ein großes Rechenzentrum zu haben, mietet man sich so viel Rechnerleistung, wie man braucht.

Wächst die Firma, mietet man Rechenleistung dazu.
Moderatorin: Und wie ist das mit der Sicherheit?
Bohnenkamp: Sie können das mit Ihrem Mail-Programm vergleichen. Sie melden sich einfach an. Mit Ihrem Benutzernamen und Ihrem Passwort. An den Sicherheitsstandards wird immer wieder gearbeitet. 100-prozentige Sicherheit gibt es nicht. Aber die gibt es nirgendwo, auch zu Hause an Ihrem Computer nicht.

Lektion 7: Das tut gut

▶ **Track 13 Einstieg**
Sprecher: Die Ameisen
In Hamburg wohnten zwei Ameisen.
Die wollten nach Australien reisen.
In Altona auf der Chaussee,
taten ihnen die Beine weh.
Und so verzichteten sie weise,
Auf den letzten Teil der Reise.

▶ **Track 14 Abschnitt B**
B2a
Gespräch 1
Apothekerin: Ah, Guten Tag, was kann ich für Sie tun?
Junge Frau: Meine Stimme ist weg. Und (hustet) Husten habe ich auch. Haben Sie vielleicht einen Tee?
Apothekerin: Das klingt ja böse. Haben Sie Fieber?
Junge Frau: Nein, nein, ich fühle mich sonst ganz wohl, nur meine, meine Stimme ...
Apothekerin: Dann gebe ich Ihnen mal einen Lindenblütentee. Und ich würde auch noch ein wenig Honig in den Tee tun, das tut wirklich gut. Mir hilft das immer. Aber wenn's morgen nicht besser ist, gehen Sie bitte zum Arzt.
Junge Frau: Ja, klar. Ich kann ja so auch nicht arbeiten. Ich bin nämlich im Kundenservice.

▶ **Track 15 Gespräch 2**
Mann: Entschuldigung, ich glaube, jetzt bin ich dran ...
Apothekerin: Oh, tut mir leid ...
Mann 5: Macht nichts, bin ja nicht so groß (lacht) ... Ich habe mich verbrannt beim Kochen.
Apothekerin: Hmm, schlimm? Wo denn?
Mann: Nein, nur am kleinen Finger.
Apothekerin: Könnten Sie mir die Brandwunde mal zeigen? – Na, das ist wirklich nicht so schlimm. Da gebe ich Ihnen eine Johanniskrautsalbe mit, in ein zwei Tagen ist das wieder verheilt.
Mann: Ja, danke.

▶ **Track 16 Gespräch 3**
Mann: Haben Sie etwas gegen Zahnschmerzen?
Apothekerin: Zahnschmerzen? Ist es schlimm?
Mann: Sehr.

Transkriptionen der Hörtexte

Apothekerin: Jetzt sehe ich es, Ihre Backe ist ja ganz dick.
Mann: Ich dachte, vielleicht gibt es irgendetwas Pflanzliches, ein paar Tropfen oder eine Salbe ... Ich, ich gehe nicht gern zum Zahnarzt.
Apothekerin: Das kann ich verstehen. Aber in diesem Fall, also, wissen Sie was, hier über mir arbeitet ein ganz toller, netter Zahnarzt. Gehen Sie doch gleich mal hoch in die Praxis, vielleicht hat der einen Nottermin für Sie. Und der verschreibt Ihnen dann auch etwas gegen die Schmerzen, wenn Sie etwas brauchen.
Mann: Na gut, wenn's anders nicht geht.
Apothekerin: Nein, ganz sicher nicht. Und gute Besserung.

▶ Track 17 Gespräch 4
Apothekerin: Hallo Frau Thewes.
Frau: Es ist wieder so weit.
Apothekerin: Wieder Prüfungen? Und Sie können wieder nicht schlafen?
Frau: Ja, immer wieder dasselbe, ich liege stundenlang wach. Kann ich vielleicht wieder den tollen Tee haben, der beim Einschlafen hilft, Sie wissen schon.
Apothekerin: Ach ja, Ihr Baldriantee. Aber nicht mehr als eine Tasse vor dem Einschlafen, wie es auf der Packung steht. Sonst sind sie tagsüber auch müde.
Frau: Ja klar, ich kenn das ja. – Und dann, ich habe einfach keinen Appetit. Das kommt sicher auch von dem Stress.
Apothekerin: Da helfen oft Gewürze, zum Beispiel Basilikum und Salbei. Würzen Sie damit Ihren Salat, Sie werden sehen, das Essen schmeckt Ihnen wieder. Und viel Glück bei der Prüfung.

▶ Track 18 Abschnitt D
D2b
Moderatorin: Herr Dr. von Hirschhausen, die meisten kennen Sie als Kabarettisten oder Fernsehmoderator. Wie kommen Sie dazu, sich mit Meditation zu beschäftigen?
Dr. Hirschhausen: Lange haben sich die Schulmedizin und die Psychologie damit beschäftigt, was Menschen krank macht. Mich hat von Anfang an interessiert: Warum werden manche Menschen nicht krank? Da kam ich relativ schnell auf die Frage: Was sind die Bedingungen für Gesundheit, Glück, Liebe, ein zufriedenes Leben? Und so habe ich begonnen, mich mit den verschiedenen Formen von Meditation zu beschäftigen.
Moderatorin: Wann haben Sie zum ersten Mal erlebt, dass Meditieren sehr glücklich machen kann?
Dr. Hirschhausen: Da war ich vielleicht so Mitte 20. Ein Freund hatte mit Zen-Meditation angefangen, und ich fragte ihn neugierig danach. Statt darüber zu reden, zeigte er mir, wie man sitzt und sagte: „Jetzt achte eine Zeit lang mal auf deinen Atem." Es klingt blöd, aber ich war völlig fasziniert. Ich erinnere mich an diesen schönen Zustand, habe das aber so gut nur noch wenige Male erlebt. Es funktioniert eben nicht mit Gewalt. Sich selbst im Kopf zu sagen „Jetzt meditierst du Erfolg." funktioniert so wenig wie „Sei doch jetzt mal glücklich!".
Moderatorin: Macht Meditation insgesamt glücklicher?
Dr. Hirschhausen: Das glaube ich schon. Es gibt Menschen, die, warum auch immer, von Anfang an entspannt, fröhlich und glücklich mit anderen durchs Leben gehen. Andere schaffen das nicht und arbeiten vielleicht an sich, mit mehr oder weniger Erfolg. Was man beim Meditieren lernt, ist, die Dinge zu akzeptieren, wie sie sind, und sie erst einmal anzuschauen, ohne gleich eine Meinung zu haben. Unsere normale Reaktion ist ja, schon eine Meinung über jemanden zu äußern, bevor der überhaupt den Mund aufmacht. Da sind Menschen, die üben, ihre Gefühle erst einmal zu beobachten, tatsächlich glücklicher und sozialer.
Moderatorin: Meditation ist ein neuer Trend in der alternativen Medizin. Wie denken Sie darüber?
Dr. Hirschhausen: Ein Beispiel: Wer unter chronischen Schmerzen leidet, weiß, was das bedeutet. Man muss immer daran denken, man hat nie Ruhe. Schmerz will Aufmerksamkeit. Wer lernt, sich zuerst ganz auf den Schmerz und dann auf gesunde Teile seines Körpers zu konzentrieren, kann tatsächlich seine Schmerzen reduzieren.
Moderatorin: Was ist mit all den Menschen, die Zweifel haben, also nicht daran glauben?
Dr. Hirschhausen: Vor 30 Jahren war es hier bei uns in Deutschland eher selten, dass eine Frau Yoga macht. Heute ist es komisch, wenn sie kein Yoga macht. Die Zeiten ändern sich. Es wird in Zukunft genau so selbstverständlich sein, etwas für seine seelische, also psychische Gesundheit zu tun, wie es heute ist, für seine körperliche Gesundheit ein bisschen Verantwortung zu übernehmen. Meditation ist Fitness für Geist und Körper!
Moderatorin: Wie schwierig ist es, das Meditieren zu lernen?
Dr. Hirschhausen: Nicht besonders. Die Grundlagen verstehen Sie in ein paar Wochen. Das Sitzen lohnt sich, aber es gibt keine konkrete Belohnung. Ich hatte das mal über fünf Tage gemacht, das war ziemlich hart. Plötzlich passierte etwas. Es gab diese eine kleine Pause im Durcheinander meiner Gedanken, eine tiefe Ruhe erfasste mich. Ein kleines Einmal-eins-Sein. Eine Atempause lang, ein großer leiser Glücksmoment. Den Rest finden Sie für sich selbst heraus.
Moderatorin: Dieses Glücksgefühl hat man doch auch oft bei Dingen, die man gern tut. Reicht das schon aus?
Dr. Hirschhausen: Ob Sie nun meditieren lernen, spazieren gehen oder malen – Wichtig ist, dass Sie Pause machen und sich entspannen. Wahrscheinlich haben auch Tagträume eine ähnliche Wirkung. Also machen Sie sich das mit dem „Nichts" nicht zu kompliziert. Sie können auch ans Meer fahren und am Strand spazieren gehen. Oder zu Hause schöne Musik hören.

Transkriptionen der Hörtexte

Lektion 8 Schön, obwohl …
▶ Track 19 Abschnitt C
C3b und c
Gespräch 1
Herr Müller: Müller.
Frau Müller: Hier auch, hallo.
Herr Müller: Ja, bist du nicht auf dem Weg zu der Sitzung in New York, ist was passiert?
Frau Müller: Ja, eeh, spreche ich mit Herrn Johann Müller, Vater von drei Kindern und seit 17 Jahren mit einer Topmanagerin zusammen?
Herr Müller: Jaaaa, eh, was …
Frau Müller: Sie hatten eine Annonce in der Zeitung?
Herr Müller: Sag mal, was soll das …?
Frau Müller: Sie suchen eine Frau, die auf die Kinder aufpasst und im Haushalt mitarbeitet, von Montag bis Freitag, von 12 bis 18 Uhr. Ist das Stellenangebot noch aktuell?
Herr Müller: Äh ja …
Frau Müller: Das freut mich. Ich möchte mich nämlich bewerben.
Herr Müller: Also, – äh, also, das ist eine Arbeit mit viel Verantwortung, müssen Sie wissen. Sie kann auch mal sehr anstrengend sein. Kindererziehung ist keine leichte Aufgabe. Was sind Sie denn von Beruf? Wo haben Sie gearbeitet?
Frau Müller: Ach so, hmm, also von Beruf bin ich Lebensmittelingenieurin, im Moment arbeite ich als Topmanagerin in einem internationalen Konzern, mit Sitz in Zürich.
Herr Müller: Das klingt ja interessant. Was können Sie denn besonders gut?
Frau Müller: Also ich muss in meiner jetzigen Stelle sehr selbstständig arbeiten. Ich bin für drei große Abteilungen verantwortlich. In meinem Beruf muss man vor allem Verständnis für die Probleme der Mitarbeiter haben. Oft muss man wichtige Dinge ganz schnell entscheiden, viel organisieren. Man muss immer für die Mitarbeiter da sein, deshalb arbeite ich von früh morgens bis spät abends. Oft auch am Wochenende. Wissen Sie, in meinem Job kann man Freizeit und Arbeitszeit gar nicht gut voneinander trennen.
Herr Müller: Hm, sehr interessant. Ja, Frau Müller, dann würde ich vorschlagen, dass Sie sich doch einmal persönlich bei uns vorstellen. Wissen Sie, eigentlich müssen ja die Kinder entscheiden. Wie wäre es gleich morgen? Und bitte, bringen Sie auch Ihre Unterlagen mit, auch die Zeugnisse. Wann genau könnten Sie denn kommen?
Frau Müller: Ich wäre gegen 14 Uhr bei Ihnen, das Flugzeug landet um 12.30 am Düsseldorfer Flughafen.
Herr Müller: Ja dann, Frau Müller, bis morgen. – Hey Kinder, einmal herhören!! Ruhe, hab ich gesagt. Eure Mutter hat sich gerade für die Stelle Eurer neuen Kinderfrau beworben. Sie kommt morgen, um sich vorzustellen. Ganztags – Na kapiert? Ich gehe zurück in meinen Beruf, dafür ist sie dann da. – Sollen wir ihr den Job geben??

▶ Track 20 C3c
Gespräch 2
Meier: Personalabteilung Meier, ja bitte?
Frau Müller: Hier Müller.
Meier: Oh, Frau Müller, Entschuldigung, ich wusste ja nicht. Ist Ihre Sekretärin krank? Ja, was kann ich für Sie tun. Sie wissen doch, die Angelegenheit von Herrn Hörterer, das lässt sich nicht so leicht …
Frau Müller: Herr Meier, könnten Sie mir bitte einmal zuhören? Ja? Also ich möchte kündigen.
Meier: Äh, wer möchte kündigen?
Frau Müller: Ich. Und zwar sofort.
Meier: Äh. Moment. Sie möchten fristlos kündigen?
Frau Müller: Jawohl.
Meier: Das kommt etwas unerwartet. Und äh, wann? Warum?
Frau Müller: Jetzt. Hab ich doch gerade gesagt. Ich habe eine neue Stelle bekommen.
Meier: Was, doch nicht bei …
Frau Müller: Nein, eine Stelle mit sehr viel Verantwortung. Mit persönlicher Verantwortung. Ein sehr interessantes Projekt. Ich leite da das ganze Unternehmen. Und mit schrecklichen Arbeitszeiten, das muss ich zugeben. Aber sonst, super.
Meier: Aber Sie wollten doch immer geregelte Arbeitszeiten. Das war doch Ihr größter Wunsch, oder? Frau Müller, darf ich Sie etwas fragen?
Frau Müller: Nur zu.
Meier: Nur aus fachlichem Interesse, Sie wissen schon. Was verdienen Sie denn in Ihrer neuen Firma?
Frau Müller: Familienleben. – Könnten Sie mir, wenn Sie sich erholt haben, meine Unterlagen bringen? Danke, Tschüss Herr Meier.

Transkriptionen der Hörtexte

Arbeitsbuch

Lektion 1

▶ **Track 1 Übung 2a 1**
a Ich *weiß, dass* ich recht habe.
b Ich habe *gesagt, dass* ich keinen Fasching feiere.
c *Glaubst* du, *dass* sie noch kommen?
d Ich habe gar nicht *bemerkt, dass* du weg warst.
e Mir ist *eingefallen, dass* wir noch einkaufen gehen müssen.
f Sie hat *erzählt, dass* sie einen neuen Freund hat.
g Ich kann mich nicht daran *erinnern, dass* ich das gesagt habe.
h Ich *verspreche* dir, *dass* ich dir helfe.
i *Er hat gemeint, dass* das nicht stimmt.
j *Denkst du bitte daran, dass* wir noch einkaufen müssen?

▶ **Track 2 Übung 2a 2**
a *Es ist gut, dass* du morgen kommst.
b *Ich finde es gut, dass* du kommst.
c *Ich hatte die Idee, dass* wir uns morgen treffen.
d *Es ist möglich, dass* es morgen regnet.
e *Es kann sein, dass* ich heute etwas später komme.
f *Es ist wichtig, dass* du kommst.
g *Es tut mir leid, dass* ich zu spät gekommen bin.
h *Ich habe Angst, dass* mir das wieder passiert.
i *Ich bin glücklich, dass* ich diese Aufgabe geschafft habe.

▶ **Track 3 Übung 3b**
Sprecher 1: Und was machst du in den Weihnachtsferien?
Sprecher 2: Ach, wie immer. Erst Heiligabend bei meiner Oma und dann 'ne Woche Skifahren.
Sprecher 1: Na dann, viel Spaß und guten Rutsch ins neue Jahr.
Sprecher 2: Euch auch und grüß deine Eltern.
Sprecher 1: Du auch. Tschau bis zum neuen Jahr.

Sprecherin 1: Ach so, was ich noch sagen wollte: Unser Betrieb ist über die Feiertage geschlossen. Sie erreichen mich erst am 3. Januar wieder, der zweite ist dieses Jahr ein Sonntag.
Sprecherin 2: Da haben Sie es aber gut. Wir arbeiten durch. Wegen der ausländischen Kunden, wissen Sie. Na, dann wünsche ich Ihnen gute Erholung über die Feiertage und viel Erfolg im neuen Jahr.
Sprecherin 1: Danke. Ihnen auch alles Gute – und wir bleiben ja im Kontakt. Auf ein gemeinsames erfolgreiches Jahr 20…

Sprecher 1: … Liebe Kolleginnen und liebe Kollegen, ich habe ja versprochen, es diesmal ganz kurz zu machen: Die Geschäftsleitung wünscht Ihnen ein frohes Weihnachtsfest und ein gesundes und erfolgreiches neues Jahr. – Das Büfett unserer diesjährigen Weihnachtsfeier ist hiermit eröffnet.

Im Namen des ganzen Orchesters: Prosit Neujahr.

▶ **Track 4 Übung 9f**
1 1 Woran denkst du?
   2 Ach, an meine Prüfung nächste Woche.
   1 An wen denkst du?
   2 An Hanna. Ob sie mir bei der Prüfung helfen könnte? Was meinst du?
2 1 Über wen habt ihr gesprochen?
   2 Über meinen Mann. Er will schon wieder nicht zahlen.
   1 Worüber habt ihr gesprochen?
   2 Über meine Problem mit meinem Mann.
3 1 Mit wem haben Sie das gemacht?
   2 Mit meinem Kollegen Müller, wie immer.
   1 Womit haben Sie das gemacht?
   2 Ach, mit einem spanischen Messer für Holzarbeiten. Gar nicht so schwer.
4 1 Worüber lachst du?
   2 Ach, noch immer über die Geschichte mit Frau Meier und meinem Chef.
   1 Über wen lachst du?
   2 Über meinen Chef. Der ist manchmal wirklich ein Trottel.
5 1 Über wen ärgerst du dich gerade?
   2 Über dich, wenn du es genau wissen willst. Du interessierst dich einfach nicht für meine Probleme.
   1 Worüber ärgerst du dich gerade?
   2 Über diesen blöden Artikel in der Zeitung. Die haben doch echt keine Ahnung.

▶ **Track 5 Übung 12a, Dialog 1**
■ Hallo, wie geht's.
● Ach, ich bin ein bisschen nervös.
■ Warum denn? Erzähl.
● Morgen ist meine Führerscheinprüfung.
■ Und, hattest du nicht genug Fahrstunden?
● Doch, doch. Ganz viele.
■ Das ist doch gut, dann kannst du selbst Auto fahren.
● Ja, aber ich habe Angst, dass es nicht klappt. Wenn ich durchfalle, muss ich noch mal Fahrstunden nehmen, das kostet wieder Geld.
■ Keine Angst, du schaffst das.

▶ **Track 6 Übung 12a, Dialog 2**
■ Man sieht dich ja gar nicht mehr. Was ist denn mit dir los?
● In einer Woche habe ich Abschlussprüfung.
■ Aber du hast doch bis jetzt gute Noten. Du kannst doch alles. Mach dir doch nicht so einen Stress.

Transkriptionen der Hörtexte

- ● Ja schon, aber ich will ein sehr gutes Examen machen. Sonst habe ich keine Chance, einen guten Job zu bekommen. Deshalb lerne ich Tag und Nacht.
- ■ Dann bist du ja jetzt gut vorbereitet.
- ● Stimmt schon, trotzdem habe ich das Gefühl, dass ich nicht genug weiß.
- ■ Keine Angst, es wird schon nicht so schlimm. Ich habe es ja auch geschafft.

▶ Track 7 Übung 12b
- ◆ Hallo Sükrü, schön, dich zu sehen.
- ● Grüß dich, Anabell.
- ◆ Was ist denn mir dir los? Seit Tagen gehst du nicht ans Telefon. Und hier sieht man dich auch nicht mehr. Da stimmt doch was nicht. Also, sag schon, was ist mit dir los?
- ● Du weißt doch, ich hatte doch vor ein paar Wochen Examen und jetzt habe ich ein Vorstellungsgespräch.
- ◆ Ein Vorstellungsgespräch. Das ist doch super! In der Firma, wo du dich beworben hast?
- ● Hmm. Ich bin aber so nervös. Wenn ich das nicht schaffe, bleibe ich arbeitslos.
- ◆ Und, hast du dich nicht vorbereitet?
- ● Doch, doch. Ich habe alles über die Firma gelesen. Und ich habe auch ein Bewerbungstraining gemacht.
- ◆ Was ist es dann? Hast du die Qualifikation nicht?
- ● Doch, ich habe ja viele Praktika gemacht.
- ◆ Was ist dann das Problem?
- ● Ach, ich weiß nicht. Ich hab einfach so ein schlechtes Gefühl. Was ist, wenn es nicht klappt?
- ◆ Ach, das klappt schon. Komm, jetzt gehen wir erst mal einen Kaffee trinken. Und weißt du was, wenn es nicht klappt, dann bekommst du den nächsten Job, mit deinen tollen Noten.

▶ Track 8 Übung 13b
1 ● Ich habe die Führerscheinprüfung bestanden.
   ■ Gratulation.
   ◆ Herzlichen Glückwunsch.
2 ● Ich muss die Prüfung nächste Woche noch mal machen.
   ■ Keine Angst, diesmal klappt es
   ◆ Viel Glück! Du schaffst das.
3 ● Ich habe nachher einen wichtigen Termin.
   ■ Viel Erfolg.
4 ● Ich habe mein Handy schon wieder verloren.
   ■ Das ist wirklich Pech.
   ◆ Das tut mir leid.
5 ● Ich habe fünftausend Euro gewonnen.
   ■ Ich weiß nicht, wie du das immer machst, du Glückspilz.
   ◆ Herzlichen Glückwunsch!

▶ Track 9 Übung 14a
Geburtstag
Hochzeitstag
Namenstag
Nationalfeiertag
Jahrestag
Bundestag
Alltag
Tagesausflug
tagsüber
Tageskrem
Tageskurs
Tagesstätte

▶ Track 10 Übung 14b
1 Frohe Ostern!
2 Schöne Pfingsttage!
3 Frohe Weihnachten!
4 Alles Gute zum Geburtstag!
5 Ein schönes neues Jahr!
6 Kopf hoch.
7 Wird schon nicht so schlimm.
8 Es tut mir wirklich leid.
9 Viel Spaß.
10 Viel Glück.
11 Das ist Pech.

▶ Track 11 Übung 16a
Moderatorin: Guten Morgen und herzlich Willkommen bei unserem Morgengespräch. In einer Woche ist ja schon Weihnachten und viele haben sicher noch keine Weihnachtsgeschenke. Aber brauchen wir überhaupt Weihnachtsgeschenke? Weihnachten ist ja das Fest der Liebe. Ist es da nicht besser, wenn die Familie zusammen ist und zusammen feiert? Letztes Jahr haben die Menschen noch mehr Geld für Weihnachtsgeschenke ausgegeben, als in den Jahren vorher. Und auch dieses Jahr haben sie schon wieder noch mehr Geld ausgegeben. Ist das wirklich das Wichtigste, das Weihnachtsgeschenk? Ich habe hier Herrn Udo Sauer, Familienpädagoge, und Frau Nikol Haas, Mutter von fünf Kindern.
Haas: Guten Tag.
Sauer: Auch von mir, Guten Tag.
Moderatorin: Frau Haas, sind Weihnachtsgeschenke wichtig?
Haas: Ich finde es schön, den Kindern Weihnachten etwas zu schenken. Jedes Kind darf im November etwas auf einen Wunschzettel schreiben. Damit sagen sie uns, was sie sich besonders wünschen. Und wir versuchen dann, diesen Wunsch zu erfüllen. Also, jedes Kind bekommt ein Geschenk, aber ein Geschenk, über das es sich wirklich freut.
Moderatorin: Herr Sauer, wie ist das bei Ihnen.
Sauer: Ich finde es schwierig. Mit einem Geschenk sagen wir ja, ich liebe dich. Wir denken nach und wollen den

Transkriptionen der Hörtexte

Menschen zeigen, dass sie wichtig für uns sind. Geschenke sind eine Art Liebeserklärung.
Moderatorin: Die Firmen, Produzenten, die Geschäfte wollen aber immer mehr verkaufen.
Sauer: Ja, sehen Sie, das ist das Problem. Immer mehr, immer teurer, immer größer, das bedeutet nicht mehr Liebe. Wichtig ist, dass man etwas schenkt, das zu der Person passt. Also nicht die teure Tasche, die teure Uhr aus der Fernsehwerbung, sondern vielleicht den Blumenstrauß, den sie schon immer haben wollte, oder ein neues Buch über ein Thema, das sie interessiert. Ich will ja der Person nicht zeigen, dass ich Geld ausgegeben habe. Ich will zeigen, dass sie mich interessiert, dass ich mich mit ihr beschäftige. Und deshalb habe ich immer das passende Geschenk für die Person.
Haas: Ja, das ist nicht ganz einfach. Manchmal wollen unsere Kinder auch etwas, was sie in der Fernsehwerbung gesehen haben. Und wenn wir genau wissen, dass das nichts für das Kind ist, dass das nur eine Enttäuschung sein wird, dann sprechen wir mit dem Kind und versuchen, etwas anderes zu finden. Etwas, was zu ihm passt, worüber es sich lange freut.
Moderatorin: Wir haben jetzt also gelernt, dass es nicht wichtig ist, wie viel Geld ein Geschenk wert ist, wie viel es kostet, wie viel man dafür bezahlt hat, sondern wie viel man darüber nachgedacht hat. Ein Geschenk bedeutet also, sich mit dem Menschen zu beschäftigen, ihn als Person ernst nehmen.
Sauer: Ja. Oft ist es nämlich so, dass man mit einem sehr, sehr teuren Geschenk sich selbst beschenkt. Ich meine, man schenkt dem Partner etwas, was man selber haben möchte. Wenn ein Mann seiner Frau eine Bohrmaschine schenkt, weil sie gern handwerklich arbeitet, ist das in Ordnung. Aber wenn er ihr eine Bohrmaschine schenkt, weil er selber eine haben möchte, dann ist das nicht in Ordnung. Und gerade solche Sachen wie Fernseher, Musikanlage, digitales Radio und so werden verschenkt, weil man selbst das haben möchte. Die Person freut sich dann aber meistens nicht besonders. Da muss man ehrlich sein.
Haas: Da gibt es noch ein Problem. Man muss ja gerecht sein. Was macht man aber, wenn ein Kind zum Beispiel ein Fahrrad möchte – und auch eins braucht – und das andere nur einen Malkasten? Das ist ja nicht gerecht. Das sehen auch die Kinder.
Moderatorin: Und was machen sie dann?
Haas: Unser Trick sind dann die Großeltern: Das Kind mit dem Fahrrad bekommt nur das Fahrrad von Eltern, Großeltern und Tanten, das Kind mit dem Malkasten bekommt von den Großeltern ein bisschen mehr. Und so bekommt jeder gleich viel, das ist wichtig bei den Kindern.

Lektion 2

▶ **Track 12 Übung 3**
1 Das fand ich total interessant.
2 + Die Suppe war echt super.
  − Wirklich? Ich fand sie nicht besonders gut.
3 Das Fahrrad ist ganz neu.
4 Die Gegend hier ist sehr einsam.
5 Johannes macht ein Auslandspraktikum. Das finde ich wirklich gut.
6 Du fährst heute ziemlich schnell, mein Lieber!
7 Dieser Film heute war wirklich gut.
8 Nein, das ist nicht schlimm. Das war nicht so wichtig.

▶ **Track 13 Übung 4c**
1 Ich interessiere mich nicht für Sport.
2 Am liebsten höre ich Musik.
3 Aber ich fotografiere auch sehr gern.
4 Das ist mir nicht so wichtig.
5 Ich interessiere mich mehr für Städte und Landschaften.
6 Die finde ich total gut.
7 Ich spiele gern Volleyball.
8 Ich jogge lieber.
9 Das mache ich nicht so gern.
10 Das finde ich total gut.
11 Das macht mir viel Spaß.
12 Das gefällt mir.
13 Nur Gruppentraining, das mache ich nicht besonders gern.

▶ **Track 14 Übung 10c**
a Wie riecht es denn hier. Ich glaube, es brennt.
b Regnet es oder schneit es schon?
c So können wir nicht weitermachen. Mir reicht's jetzt!
d Na, schmeckt's?
e Ich wollte sie immer mal treffen, aber es hat nie geklappt.

▶ **Track 15 Übung 11a**
1 Ich esse eigentlich kein Fleisch, aber dieses Hähnchen schmeckt mir heute.
2 Eigentlich mag sie keine Hunde.
3 Eigentlich fährt sie nicht gern Auto.
4 Eigentlich wollte ich heute ins Kino. Egal, vielleicht morgen.

▶ **Track 16 Übung 16b**
Frau 1: Natürlich weiß ich, was das Schild bedeutet: Frauenparkplätze. Und, wirklich, damit habe ich nur gute Erfahrungen gemacht. Wenn ich mal mit dem Auto in die Stadt fahren muss, finde ich immer einen Parkplatz. Viele Parkhäuser sind ja dunkel, und man ist oft ganz allein. Die Frauenparkplätze sind meistens direkt am Eingang. Da fühle ich mich sicher, und ich bin schnell draußen in der Stadt.

Transkriptionen der Hörtexte

Frau 2: Klar, das kenn ich. Frauenparkplätze. Dass ich nicht lache! Da habe ich gar keine guten Erfahrungen gemacht. Gerade vor zwei Tagen wieder. Da stellt sich so ein blöder Typ auf so einen Parkplatz, direkt vor mir. Und ich sage ihm noch: Das ist aber ein Frauenparkplatz. Da möchte ich jetzt hin! Meinen Sie, der wäre weggefahren? Das war dem völlig egal. Es parkt doch sowieso jeder, wie er will.

Frau 3: Was das Schild bedeutet. Ich vermute, das ist wohl ein Schild für einen Frauenparkplatz. Nein, ich habe damit noch keine Erfahrungen gemacht, ich bin Radfahrerin, da habe ich keine Parkprobleme.

▶ Track 17 Übung 24

- Wir haben über einen gemeinsamen Ausflug gesprochen und möchten euch unsere Idee vorstellen: Ein gemeinsames Zeltwochenende am Müritzsee. Wir würden am Freitagnachmittag mit dem Auto losfahren. Drei Autos sind genug, wir sind ja nur zehn Personen. Am Müritzsee gibt es viele Freizeitmöglichkeiten: Reiten, wandern und mit dem Boot fahren. Boote kann man dort günstig ausleihen. Auf dem Campingplatz gibt es auch ein kleines Restaurant, wo wir morgens frühstücken können. Wir brauchen also nicht zu kochen. Es gibt aber auch einen netten gemütlichen Grillplatz. Am Sonntagmittag würden wir dann wieder zurückfahren. Gibt es dazu noch Fragen?
- ▲ Gibt es denn genügend Zelte für alle? Ich habe nämlich keins.
- ■ Das müssen wir noch organisieren. Wer von euch hat denn ein Zelt? Aber man kann auch Zelte ausleihen.

▶ Track 18 Übung 26

1 Das inoffizielle Motto der Olympischen Spiele: höher, schneller, weiter.
2 In diesem Restaurant ist das Essen wirklich besser und die Portionen sind auch größer.
3 In Rot gefällt mir dieses Auto besser als in Grün.
4 Nein, auf Sport habe ich heute Abend keine Lust. Ich würde lieber ins Kino gehen.
5 Tausend Euro? Das ist mehr als ich für eine Wohnung bezahlen kann.
6 Komm, hier gibt's die besten Pommes frittes. Die holen wir uns jetzt.
7 Das ist wirklich der dümmste Witz der Welt!
8 Die größten Schnitzel bekommt man bei Schnitzel-Max in der Uhlandstraße.
9 Ich bin fast alleine im Büro. Die meisten Kollegen sind in Urlaub.
10 Ich brauche eine längere Hose. Die hier ist zu kurz.
11 Bayern München, ist das nicht die erfolgreichste Mannschaft der deutschen Bundesliga?
12 Das Fernsehprogramm gestern, das war total interessant. Es gab wieder einen Themenabend, diesmal ging es um Ernährung.
13 Du das Essen war echt super. Kannst du mir die Rezepte geben?
14 Wirklich? Ich finde, die Suppe war diesmal nicht besonders gut.
15 Guck mal, mein Handy, das ist ganz neu.
16 Also, der Job ist ziemlich interessant, aber ich fühle mich hier doch noch sehr einsam. Aber die Freizeitangebote sind wirklich gut. Ich werde sicher bald Freunde finden.
17 Du fährst heute ziemlich schnell, mein Lieber!

Lektion 3

▶ Track 19 Übung 17b

1 Schreib ihr einfach.
2 Du solltest vielleicht einen Fachmann fragen.
3 Probier doch dieses Kleid.
4 Nimm deine Tochter einfach mal zum Shoppen mit.
5 Mach doch mal Pause.
6 Du solltest vielleicht mal zum Frisör gehen.
7 Besuchen Sie mich doch einfach mal.

▶ Track 20 Lektion 3, Übung 21

1 Maria will in Australien leben, weil sie das Leben dort interessanter findet.
2 Alicia zieht nach Dresden, weil sie dort einen Job gefunden hat.
3 Ich kann dieses Jahr nicht nach Brasilien fliegen, denn ich habe keinen Urlaub mehr.
4 Er spricht fließend Portugiesisch, denn er hat in Lissabon studiert.
5 Ich liebe das Leben in einer Großstadt. Deshalb bin ich nach Berlin gezogen.
6 Sie braucht Geschäfte, Kinos und Cafés in ihrer Nähe, deshalb wohnt sie im Stadtzentrum.
7 Ich kann jetzt endlich ein neues Auto kaufen, ich habe nämlich die Stelle bekommen.
8 Ich kann jetzt nicht kommen, ich muss nämlich gleich zum Arzt.

Lektion 4

▶ 21 Übung 3a

Endlich war er da, mein erster Schultag, endlich war ich so groß, wie meine Freunde, die schon in der Schule waren. Warum ich mich so gefreut hab? Weil ich lernen wollte. Im Kindergarten und in der Vorschule war mir schon so langweilig, immer nur malen und basteln.
Aber dieser erste Schultag, der hat mich wirklich enttäuscht. Erst musste man sagen, wie man heißt, wo man wohnt, ob man sich auf die Schule freut. Das war ziemlich langweilig. Dann endlich durften wir unsere Schultüten auspacken. In meiner waren – ich weiß es noch genau –

Transkriptionen der Hörtexte

eine Schere, ein Kleber, ein Federmäppchen mit einem Bleistift und einem Radiergummi, mit einem Anspitzer und einem neuen Füller. Dann waren da noch eine Packung mit 24 Buntstiften, ein Kugelschreiber, ein Marker und ein Tagebuch. Ein echtes Tagebuch! Ich war überglücklich. Erst dann hab ich gesehen, dass die anderen lauter Süßigkeiten hatten, und Kuscheltiere und Spielautos.

▶ Track 22 Übung 6b
Als wir noch studiert haben, haben wir einmal als Studenten eine Fahrradtour durch Südfrankreich gemacht. In einer kleinen Stadt haben wir angehalten. Weil wir nicht viel Geld hatten, haben wir uns Brot und Käse gekauft und uns zum Essen auf den Marktplatz gesetzt. Da ist ein Mann gekommen und hat uns gefragt, wo wir herkommen. Er hat uns erzählt, dass er als Jugendlicher mit dem Fahrrad durch Deutschland gefahren ist und die Menschen immer sehr freundlich waren. Dann hat er uns zum Essen eingeladen und mit uns über unsere Reise gesprochen.

▶ Track 23 Übung 14
1 Guten Tag, hier spricht Frau Kantner aus Erfurt.
2 Hallo, ich bin die Petra.
3 Hallo, ja, hier spricht Müller, Lisa Müller, wir brauchen einen neuen Reisepass, der alte ist abgelaufen.
4 Hier Susanne Lüdewitz aus der Theresienstraße. Sind Sie für die Müllabfuhr bei uns zuständig? Also ...
5 Ja, Meier, hören Sie, Frau Meier hier, ja, ich möchte auch etwas dazu sagen, ja, ...
6 Mein Name ist Lindemann, ich rufe wegen einer Telefonstörung an.
7 Meisner, guten Tag. Ich habe letzte Woche eine Spülmaschine bei Ihnen gekauft und ...
8 Udo Lindemann. Ich möchte kurz sagen, dass ich auch der Meinung wie mein Vorredner bin.

▶ Track 24 Übung 15a
1 langweilig – Dieser Film ist ja total langweilig.
2 lustige – Das sind ja lustige Handschuhe.
3 lustig, wirklich – Also lustig ist diese Geschichte wirklich nicht.
4 unglaublich – Das sind unglaubliche Fotos.

▶ Track 25 Übung 15b
1 gute
2 interessant
3 komisch
4 langweilig
5 lustig
6 merkwürdig
7 nützlich
8 schlecht
9 schockierend
10 schön
11 seltsam
12 spannend
13 super
14 toll
15 unglaublich

▶ Track 26 Übung 16
Lukas: Hallo Chiara, darf ich mich zu dir setzen?
Chiara: Aber klar doch, komm, hier ist doch genug Platz.
Lukas: Ehrlich gesagt, bin ich nämlich total neugierig.
Chiara: Neugierig, worauf denn?
Lukas: Ihr habt doch da diese neue Kollegin, wie heißt die doch ...
Chiara: Alina, meinst du Alina, die junge, die mit den blonden Haaren. Oder meinst du Frau Bolte, die früher mal hier war und sich jetzt als Rentnerin was dazuverdient?
Lukas: Nein, nein, Alina, also. Ja, du warst doch bei ihr eingeladen, oder?
Chiara: Ach, du meinst ihr Einweihungsfest. Ja, ja, aber nur, weißt du, ich kenne sie von früher, wir haben zusammen studiert. Deshalb hat sie mich eingeladen. Damals waren wir gar nicht so eng befreundet, man kannte sich halt, aber jetzt verstehen wir uns prima. Wir haben auch schon ganz viel zusammen unternommen.
Lukas: Und, wie war das Fest? Wie ist die Wohnung?
Chiara: Ach, ganz gut, für den Anfang. Ich mein, ist doch unglaublich, dass sie überhaupt eine Wohnung gefunden hat. Bei jeder Wohnungsbesichtigung waren zwischen dreißig und dreihundert Leute. Und die hat sie bekommen, dabei ist sie doch ganz neu in der Stadt und hat noch Probezeit hier in der Firma.
Lukas: Ja, ja, und wie groß ist die Wohnung denn?
Chiara: Ja, warte mal, drei große Zimmer und ein kleines, ja dreieinhalb, und eine Wohnküche mit einem kleinen Balkon. Richtig schön. Aber das Treppenhaus ist eher alt, na ja, ein Altbau eben und schon lange nicht mehr renoviert.
Lukas: Und, wie war das Fest?
Chiara: Na ja, es war ja kein großes Fest. Wir waren nur sechs Leute, Alina, Michael, mein Freund, den kennst du ja, dann die Schwester von Alina mit ihrem Mann und Thorsten.
Lukas: Wer ist denn Thorsten?
Chiara: Der, ach der wohnt auch in der Wohnung.
Lukas: Ach so. Schade.
Chiara: Wieso?
Lukas: Ich dachte, na ja, ich wollte Alina gern mal ...
Chiara: Ach, die gefällt dir?
Lukas: Hmm, ja. Ich finde sie sehr sympathisch, ich würde sie gern näher kennenlernen.
Chiara: Weißt du was, ich lade euch zum Essen ein, ich wollte sowieso ein Essen machen und dazu lade ich Thorsten und seine Freundin auch ein, die wohnt in Hamburg kommt aber immer am Wochenende ...

Transkriptionen der Hörtexte

Lukas: Ah, der hat eine Freundin …
Chiara: Klar, den Thorsten, den kennen wir auch aus dem Studium. Und der hat auch hier bei einer Firma angefangen, da war das doch ganz praktisch …
Lukas: Super, wann machst du denn dein Essen?

Lektion 5

▶ Track 27 Übung 2b
1 Setzen Sie sich doch.
2 Nehmen Sie doch noch ein Stück Kuchen.
3 Kommen Sie doch herein.
4 Besuchen Sie uns doch heute Abend, wir grillen im Garten.
5 Nehmen Sie das Buch doch mit, ich leihe es Ihnen gern. Sie können es mir ja beim nächsten Mal zurückgeben.
6 Komm doch mit, es wird sicher ein lustiger Abend.

▶ Track 28 Übung 2c
1 Rufen Sie mich morgen bitte an.
2 Schicken Sie das Angebot bitte noch heute Abend raus. Es ist sehr wichtig.
3 Hilf mir bitte in der Küche, sonst werde ich vor dem Film nicht fertig.
4 Füllen Sie das Formular bitte aus, überweisen Sie den Betrag und kommen Sie mit dem Beleg und dem Formular dann wieder zu mir.
5 Geh bitte zum Friseur, so kannst du wirklich nicht zum Vorstellungsgespräch gehen.

▶ Track 29 Übung 4a
H. Igel: Hier Autohaus Hansi Igel. Was kann ich für Sie tun?
U. Verhagen: Guten Tag, hier Udo Verhagen.
H. Igel: Hallo, Herr Verhagen. Was gibt es denn?
U. Verhagen: Der TÜV ist wieder mal fällig.
H. Igel: Das ist kein Problem. Das können wir gleich morgen machen. Da sind die vom TÜV am Nachmittag bei uns. Bringen Sie den Wagen doch gleich morgen früh zu uns.
U. Verhagen: Das ist ja prima. Also, überprüfen Sie den Wagen bitte genau.
H. Igel: Das machen wir doch immer. Bremsen, Motor, alles wird überprüft. Das ist doch selbstverständlich.
U. Verhagen: Sie wissen schon, ich möchte nicht zu viel ausgeben, aber der Wagen soll wieder sicher fahren. Sie rufen mich doch an, wenn es eine größere Reparatur wird?
H. Igel: Aber sicher. Das war doch noch nie ein Problem. Wenn es was Schlimmeres ist, rufen wir Sie an. Die Nummer stimmt doch noch, oder?
U. Verhagen: Ja klar. Wann kann ich den Wagen wieder abholen?
H. Igel: So ab 17 Uhr. Eventuell ein paar Minuten später.
U. Verhagen: Super. Vielen Dank. Dann bis morgen früh.

▶ Track 30 Übung 4b
▲ Guten Tag, ich möchte mein Fahrrad zur Reparatur bringen.
● Gern, was ist denn kaputt?
▲ Die Kette ist gerissen, und dabei ist das Hinterrad kaputtgegangen. Es schleift am Rahmen.
● Lassen Sie mich mal sehen. Aha, das können wir reparieren. Sie brauchen kein neues Hinterrad.
▲ Und manchmal geht das Licht nicht, besonders wenn es regnet.
● Da müssen wir prüfen, ob der Dynamo richtig funktioniert.
▲ Das Rad ist jetzt schon ein paar Jahre alt, vielleicht machen Sie einen kompletten Service, auch die Bremsen. Aber nicht die Reifen, die sind erst ein halbes Jahr alt. Die sind noch gut.
● In Ordnung. Wir schauen alles durch und rufen Sie an, wenn das Rad fertig ist.
▲ Wir lange dauert die Reparatur?
● Momentan ist viel los – eine Woche dauert das bestimmt.
▲ Gut, und rufen Sie mich auch an, wenn Sie noch mehr reparieren müssen.
● Gern.

▶ Track 31 Übung 16a
1 Fahren Sie bitte los.
2 Wir gehen jetzt einkaufen.
3 Sie könnten uns dann noch einen Kaffee machen. / Könnten Sie uns dann noch einen Kaffee machen?
4 Links rück, zur Seite, schließen.

▶ Track 32 Übung 17
1
Diese Kaffeemaschine. Jetzt habe ich die Gebrauchsanleitung schon dreimal gelesen. Ich habe alles so gemacht, wie es hier steht. Die funktioniert einfach nicht. Ich werde sie morgen zurückbringen.

2
Jetzt habe ich schon seit einem Jahr Nachhilfe in Mathe. Und? Wieder eine fünf. Da kann mein Lehrer machen, was er will, ich verstehe das einfach nicht.

3
Unser Nachbar, das ist ein ganz besonderer. Der wohnt jetzt schon seit zwei Jahren neben uns. Und, glauben Sie der reagiert, wenn man Guten Tag sagt. Kein Stück. Vergessen Sie es. Wir haben schon alles ausprobiert. Unser Nachbar grüßt uns einfach nicht.

Transkriptionen der Hörtexte

▶ Track 33 Übung 18
Mario: Guten Tag, ich bin Mario Müller. Ich wohne in der Arnulfstraße 14.
Amt: Was kann ich für Sie tun?
Mario: Es ist so, dass wir, die Anwohner, beschlossen haben, dieses Jahr ein Straßenfest zu machen. Und ich habe gehört, dass wir da eine Genehmigung brauchen.
Amt: Ja genau. Da brauchen Sie eine Genehmigung. Das stimmt. Wann soll denn das Straßenfest stattfinden?
Mario: Wir dachten an den 15. Juli, also in sechs Wochen. Und wenn es regnet, eine Woche später.
Amt: Und was ist Ihr Programm? Was haben Sie vor?
Mario: Wir wollen da selbst gemachtes Essen verkaufen, Kaffee und Kuchen anbieten und ein wenig Musik machen. Die macht eine kleine Jazzband, die wohnen im Haus Nummer 31.
Amt: Aber Sie wissen sicher, dass Sie nur bis 22 Uhr musizieren dürfen. Und auch keine alkoholischen Getränke. Sonst brauchen Sie noch eine Genehmigung.
Mario: Das ist klar. Das wissen wir. Bekommen wir die Genehmigung?
Amt: Aber sicher doch. Sie müssen mir hier dieses Formular ausfüllen. Dann überweisen Sie noch die Straßenmiete auf das unten angegebene Konto. Sie bekommen dann in etwa einer Woche die Genehmigung. Dann müssen Sie noch die Straße mit Straßenschildern sichern. Aber das ist kein Problem, da sagt Ihnen die Polizei, was Sie machen müssen. Und vergessen Sie nicht, das Formular zu unterschreiben.

▶ Track 34 Übung 22a
1 Das macht doch nichts.
2 Das ist doch nicht schlimm.
3 Das kann doch jedem mal passieren.
4 Das kann man doch wieder reparieren.
5 Wir können doch ein neues Fahrrad kaufen.
6 Aber das spielt doch keine Rolle.

▶ Track 35 Lektion 5, Übung 22b
1 Das ist doch frech.
2 Das ist doch eine Unverschämtheit.
3 Das können Sie doch nicht machen.

▶ Track 36 Übung 22c
1 Das weiß doch jeder.
2 Das stand doch in der Zeitung.
3 Das ist doch klar.
4 Das machen wir doch gerade.

▶ Track 37 Übung 24
▲ Du Maria, stell Dir vor, was mir passiert ist. Du hast mir doch gestern deine schöne Uhr geliehen.
● Und?
▲ Sie ist mir vom Arm gefallen. Und bevor ich sie hochheben konnte, ist jemand draufgetreten. Sie ist ziemlich kaputt.
● O je. Schade. Aber jetzt beruhige dich, das kann doch jedem mal passieren.
▲ Aber die schöne Uhr. Was soll ich jetzt machen? Ich könnte sie dir ja abkaufen, was meinst du?
● Was, die kaputte Uhr? Nein, aber vielleicht kann man sie noch reparieren? Ich bringe sie gleich morgen in das Geschäft, wo ich sie gekauft habe.
▲ Gut, und wenn man sie reparieren kann, dann zahle ich die Reparatur.
● Und wenn man sie nicht reparieren kann, dann kaufe ich mir eine neue.
▲ Aber ich zahle auch einen Teil des Preises.
● Abgemacht. Siehst du, es ist doch alles nicht so schlimm.

▶ Track 38 Übung 25a
1 fahren
2 starten
3 überholen
4 dürfen
5 warten
6 parken
7 Straßenbahn
8 Fahrrad
9 Motorrad
10 Gurt
11 Fußgänger
12 Parkplatz
13 Parkhaus
14 Reparatur
15 Werkstatt
16 grün
17 groß
18 größer
19 größere

Lektion 6
▶ Track 39 Übung 9b
1
a Der Urlaub am Meer hat mir gut gefallen.
b Immer nur Kirchen besichtigen! Davon habe ich genug!
c Ich fand den Urlaub in Wien sehr angenehm.
d Jeden Tag in den Bergen wandern? Das war mir zu anstrengend.
e Der Urlaub in Finnland ist mir in guter Erinnerung geblieben.
f Der letzte Urlaub hat mich enttäuscht, weil es da immer geregnet hat.

Transkriptionen der Hörtexte

▶ **Track 40**

2
a Ich möchte unbedingt wieder ans Meer.
b Mir ist das eigentlich egal: Ich mag sowohl das Meer als auch die Berge.
c Ich bin mir unsicher, ob ich wieder ans Meer fahren soll oder lieber in die Berge.
d Ich habe keine Lust mehr, ans Meer zu fahren.

▶ **Track 41**

3
a Wir könnten doch ans Meer fahren.
b Einverstanden.
c Lasst uns doch eine Städtereise machen.
d Nein, das möchte ich wirklich nicht.
e Also, ein Urlaub in den Bergen kommt für mich nicht in Frage.
f Gut, dann fahren wir wieder ans Meer.
g Ihr könnt ja ans Meer fahren, aber dann komme ich nicht mit.
h Ja, das ist eine gute Idee.
i Eine Städtereise machen? Das wäre auch möglich, stimmt.
j Urlaub in Deutschland? Das finde ich keine gute Idee.
k So machen wir das.
l Ja, eine Städtereise ist doch viel besser, als immer in die Berge zu fahren.
m Wir können schon ans Meer fahren, obwohl es da immer so voll ist.
n Wie wäre es, wenn wir in diesem Jahr zuhause bleiben?
o In Ordnung.

▶ **Track 42 Lektion 6, Übung 17 e**

1 Hallo, wie geht es Ihnen?
2 Finger weg. Das Fahrrad gehört mir!
3 Warte, ich helfe dir.
4 Ich danke euch für eure Hilfe!
5 Bring den Kindern Schokolade mit. Die schmeckt ihnen.
6 Ich glaube, sie hat ihm nicht geantwortet.
7 Hör mir bitte mal zu!
8 Schenk ihr Blumen, das gefällt ihr bestimmt.
9 Hast du ihm schon zum Geburtstag gratuliert?

▶ **Track 43 Übung 17h**

1 Das bedeutet, dass wir uns beeilen müssen. – Das bedeutet nichts.
2 Ich wollte nur fragen, ob meine Mail angekommen ist. – Ich wollte etwas fragen.
3 Ich hoffe, dass du mich bald mal besuchst. – Ich hoffe es.
4 Sie hat gemeint, dass das nicht stimmt. – Sie hat das gemeint.
5 Er hat gesagt, dass er erst morgen kommen kann. – Er hat etwas gesagt.
6 Ich weiß nicht, wo dein Schlüssel liegt. – Ich weiß es nicht.
7 Zeigst du mir, wie das funktioniert? – Zeigst du mir das?

▶ **Track 44 Übung 18**

1 auf einen Berg
2 in den Bergen
3 in einem See
4 übers Meer
5 im Park
6 im Wald
7 am Ufer eines Flusses

▶ **Track 45 Übung 19**

1 Hallo, wie geht es Ihnen?
2 Und, wie geht es dir?
3 Hey, du, das Fahrrad gehört mir!
4 Warte, ich helfe dir.
5 Moment, ich helfe dir gleich.
6 Und, wie schmeckt es Ihnen?
7 Und, wie hat ihnen dein Essen geschmeckt? Waren deine Gäste zufrieden?
8 Ich habe ihm noch nicht geantwortet. Ich weiß nicht, was ich ihm schreiben soll.
9 Hört mir bitte alle mal zu!
10 Schenk ihr diese Blumen hier, die gefallen ihr bestimmt.
11 Habt ihr Ulli schon zum Geburtstag gratuliert?

▶ **Track 46 Lektion 6, Übung 21**

Meine Damen und Herren,

ich begrüße Sie herzlich an Bord der MS Astor auf unserer Rundfahrt durch Berlin. Das Boot ist voll, und wir können nun starten.
Bevor es losgeht, einige Sätze zu unserer Reiseroute: Wir fahren zuerst die Spree entlang durch das Regierungsviertel und am Kanzleramt vorbei. Die weiteren Stationen sind die Museumsinsel, der Dom, das Nikolaiviertel bis zur Eastside-Gallery, dem längsten Teil der Berliner Mauer, das noch erhalten ist.
Von dort aus fahren wir durch den Landwehrkanal am Halleschen Tor, am Potsdamer Platz und am Zoologischen Garten vorbei nach Charlottenburg und wieder zurück zur Anlegestelle.
Leider ist das Wetter heute nicht ganz so warm, aber wir rechnen nicht mit Regen. Zum Aufwärmen können Sie bei uns an Bord warme Getränke bekommen, natürlich auch kalte. Und für die großen und kleinen Kinder gibt es Eis.

Wir kommen jetzt durch das historische Nikolaiviertel. Hier gibt es auch viele kleine Restaurants, wo man Berliner Spezialitäten bekommt. Einen Besuch dort kann ich Ihnen sehr empfehlen.

Transkriptionen der Hörtexte

Wir fahren jetzt an einem langen Stück der Berliner Mauer vorbei. Was Sie nicht sehen können: Die andere Seite der Mauer ist bemalt. Das ist die Eastside-Gallery. Viele Künstler haben ihre Bilder direkt auf die Mauer gemalt.

Lektion 7

▶ **Track 47 Übung 2**
1. Ich habe mich gefreut, dich zu sehen.
2. Ich kann nicht gut Fußball spielen.
3. Ich wünsche mir, mehr Zeit für dich zu haben
4. Ich verspreche dir, bald zu kommen.
5. Meine Kinder lernen gerade schwimmen.
6. Ich habe beschlossen, nur noch zu Fuß zur Arbeit zu gehen.
7. Ich versuche, so oft wie möglich Sport zu machen.
8. Es hat angefangen zu regnen.
   Es hat aufgehört zu regnen.
9. Sie haben mir nicht erlaubt, mit dir ins Kino zu gehen.
10. Ich rate Ihnen, mehr Sport zu machen.
11. Ich wollte mich schon lange mal mit dir treffen.
12. Ich habe leider vergessen, dich anzurufen.
13. Ich liebe es, lange zu frühstücken.
14. Er versucht, alles auf einmal zu machen.
15. Man sollte möglichst viel Zeit mit der Familie verbringen.

▶ **Track 48 Übung 3**
1. Es ist ganz einfach, diese Dose zu öffnen. Wenn man einen guten Dosenöffner hat.
2. Es macht mir nichts aus, morgens früh aufzustehen.
3. Es ist verboten, hier zu parken.
4. Es war schwer, noch ein Ticket zu bekommen.
5. Es ist wichtig, das zu verstehen.
6. Es ist unmöglich, diese Tür zu öffnen.

▶ **Track 49 Übung 12b 1**
Hörtext A: Also, am Mittwoch ist ja die Dienstreise vom Chef. Zuerst will ich die Fahrkarten kaufen. Ach ja, dann will ich auch noch das Hotel buchen und die Unterlagen will ich auch noch kopieren.

Hörtext B: Also, am Mittwoch ist die Dienstreise vom Chef. Zuerst muss ich die Fahrkarten kaufen, dann das Hotel buchen. Und anschließend muss ich auch noch die Unterlagen kopieren.

Hörtext C: Also, am Mittwoch ist die Dienstreise vom Chef. Zuerst kann ich dann die Fahrkarten kaufen, dann kann ich auch noch das Hotel buchen. Und die Unterlagen kann ich dann ja auch noch kopieren.

▶ **Track 50 Übung 12b 2**
Chef Also, Herr Müller, ich muss schon morgen nach Dresden, zu Meier und Co. Könnten Sie mir bitte eine Bahnverbindung heraussuchen, sodass ich um zehn Uhr in Dresden bin. Und besorgen Sie bitte auch die Fahrkarte. Würden Sie mir bitte auch ein Hotel im Stadtzentrum reservieren? Ach ja, das hätte ich jetzt fast vergessen: Ich möchte auch noch mit unserem Vertriebsleiter sprechen, bevor ich losfahre, dazu brauche ich einen Termin. Könnten Sie das für mich arrangieren? Und kopieren Sie mir doch bitte auch alle Unterlagen für die Sitzung. Leider muss ich heute ein bisschen früher los. Könnten Sie mir das alles in einer Stunde auf meinen Schreibtisch legen? Ja? Danke.
Angestellter: Kein Problem, mach ich doch gern.

▶ **Track 51 Übung 13b**
1. In Wien kann man viele tolle Sachen machen.
2. Ich kann leider nicht so weit laufen. Ich habe Schmerzen im linken Fuß.
3. So lange ich Fieber habe, soll ich im Bett bleiben, hat der Arzt gemeint.
4. Ich möchte gern einen Apfelsaft.
5. Ich möchte mich am Wochenende ausruhen und gar nichts tun.
   Ich will mich am Wochenende ausruhen und gar nichts tun.
6. Darf man bei euch im Restaurant noch rauchen?
7. Ich mache eine kleine Party. Du kannst gern auch noch jemanden mitbringen.
8. Ich kann das leider nicht lesen. Die Schrift ist zu klein.
9. Ich muss jetzt los! Um 10 Uhr ist mein Bewerbungsgespräch. Da darf ich nicht zu spät kommen.
10. Sie müssen dort nicht mehr anrufen. Das habe ich schon gemacht.
11. Der Film ist nicht schlecht. Den solltest du dir mal anschauen.

▶ **Track 52 Übung 20a**
Ich möchte Ihnen heute erzählen, was ich in meiner Freizeit am liebsten mache.
Zuerst erzähle ich ganz allgemein etwas über mein Hobby. Dann berichte ich darüber, wann ich damit angefangen habe und wie oft ich das mache. Zum Schluss erzähle ich noch, was ich am liebsten mache und warum mir dieses Hobby so viel Spaß macht.
In meiner Freizeit singe ich in einem Chor. Wir singen Volkslieder aus verschiedenen Ländern, zum Beispiel aus Russland, aus Italien, Spanien, der Türkei. Wir sind acht Frauen und acht Männer und der Chorleiter.
Ich habe schon als Kind sehr gern gesungen, aber dann leider lange nicht mehr. Vor vier Jahren hat mir eine Freundin von dem Chor erzählt und ich bin einfach mitge-

Transkriptionen der Hörtexte

gangen. Das hat mir sehr gut gefallen! Und seitdem mache ich da mit. Wir treffen uns einmal in der Woche.
Am liebsten singe ich Volkslieder aus Lateinamerika. Die haben so viel Rhythmus, dass man am liebsten tanzen möchte.
Das Singen in so einem Chor macht immer gute Laune, auch wenn man sich mal nicht so gut fühlt. Das ist auch so, weil man mit netten Leuten zusammen ist und gemeinsam etwas macht.
Unsere Konzerte sind dann auch immer ein großer Erfolg. Das finde ich einfach toll!
Also das war's zu meinem Hobby, dem Singen. Haben Sie vielleicht noch Fragen?"

▶ Track 53 Übung 24a
kochen – ernähren – nehmen – trinken – trennen – essen – wählen
fühlen – hören – spüren – sehen – schmecken – riechen – gucken – schauen
stehen – gehen – laufen – rennen – kommen – tanzen – springen – fahren
lesen – schreiben – lernen – sprechen
machen – tun – geben – holen – bringen – suchen – finden – spielen

▶ Track 54 Übung 24b
aufstehen   Ich stehe nicht gern früh auf.
einkaufen   Morgen kaufe ich ein.
anfangen   Wann fängst du damit an?
aufhören   Wann hört sie endlich damit auf?
ankommen   Wann kommen wir endlich an?
abfahren   Achtung, der Zug fährt gleich ab.

▶ Track 55 Übung 24c
versprechen Das verspreche ich dir.
vergessen   Das habe ich vergessen.
frühstücken Ich frühstücke eigentlich nicht.
erlauben   Erlaubst du mir das?
verbringen   Wo verbringen Sie Ihren Urlaub?
verbieten   Ich verbiete es dir.
verstehen   Das verstehe ich nicht.
versuchen   Komm, versuch es doch wenigstens.
bekommen   Kann ich noch ein Brötchen bekommen?

▶ Track 56 Übung 26
Text 1
Hallo, liebe Schifans. Hier ist das Schneetelefon des Schigebiets Rosental. Vielen Dank für euren Anruf.
Die Schneehöhen betragen heute 150 Zentimeter auf dem Berg und 70 Zentimeter im Tal. Alle Pisten und Lifte sind in Betrieb.
Also, auf geht's ins Rosental.

Text 2
▲ Zahnarztpraxis Dr. Winter. Was kann ich für Sie tun.
● Hallo, ja, hier ist Soller. Ich habe seit heute morgen starke Zahnschmerzen und brauche einen Termin.
▲ Ja, Frau Soller. Unsere Sprechzeiten sind zwar heute erst ab Mittag, aber in dem Fall können Sie gleich vorbeikommen. Dr. Winter ist in etwa einer halben Stunde in der Praxis und kann Sie dann behandeln.

Text 3
Und hier ist Radio Welle 9, das Gute-Laune-Radio der Region. Es ist sieben Uhr drei.
Bevor wir unseren nächsten Hit spielen, noch kurz die Verkehrslage.
Der Berufsverkehr läuft heute morgen noch recht ruhig, es sind keine größeren Staus gemeldet. Es besteht lediglich noch eine Tagesbaustelle zwischen der Ungererstraße und dem Heimplatz. Eine Umgehung ist ausgeschildert.

Text 4
Liebe Fluggäste, bitte beachten Sie folgende Gateänderung: Der Flug AX 703 um 17:10 von Wien nach Hamburg wird am Gate 24 abgefertigt statt am Gate 22. Ich wiederhole: Flug AX 703 um 17:10 von Wien nach Hamburg startet am Gate 24. Die Flugreisenden werden gebeten, sich dorthin zu begeben.

Text 5
■ Hallo, Susi, wir könnten heute Abend doch was unternehmen.
▶ Was schlägst du vor?
● Ich hätte mal wieder Lust auf eine leckere Pizza. Lass uns doch in die Stadt fahren, ein bisschen bummeln und dann zum Italiener gehen. Heute ist es ja schön warm, und dort können wir auch draußen essen.

Lektion 8
▶ Track 57 Übung 15b
Dialog 1
A Sonja will in Zukunft nur noch von zuhause aus arbeiten, nicht mehr in ihrem Büro. Was meinst Du dazu?
B Ganz einfach: Die Firma wird ihr kündigen.

Dialog 2
A Du, Paul, wie siehst du deine Beziehung zu Sonja?
B Ja – ich werde Sonja auf jeden Fall heiraten.

Dialog 3
A Und was hast du dir an Silvester vorgenommen?
B Ich werde ab jetzt das Geschirr spülen und die Küche aufräumen.

Transkriptionen der Hörtexte

▶ Track 58 Übung 21
1 Wenn ich doch bloß noch einmal jung wäre!
2 Wenn ich mich bloß beworben hätte!
3 Wenn ich doch bloß früher losgegangen wäre!
4 Wenn ich bloß die Bedienungsanleitung gelesen hätte!
5 Wenn ich doch bloß eine Mail von dir bekommen hätte!

▶ Track 59 Übung 22a und b
1 Das ist komisch. Das hätte ich nie erwartet.
2 Ich glaube, ich hätte das nie gemacht.
3 Ich bin enttäuscht, dass sie einfach so weggeht.
4 Ich kann das zwar verstehen, aber ich wäre nicht so weit gegangen.
5 Das ist ja eine Überraschung. Das hätte ich nicht gedacht.
6 Also, ich finde das gut. Ich hätte auch mal gern etwas ganz anderes gemacht.

▶ Track 60 Übung 23a
1 Du weißt doch, ich mag keine Äpfel.
2 Nein, ich brauche wirklich keinen neuen Mantel. Hier, der alte ist doch noch in Ordnung.
3 Ich habe heute keine E-Mails bekommen. Irgendetwas stimmt mit dem Computer nicht.
4 Wir haben keinen Zucker, kein Mehl, keine Eier! Wie soll ich denn dann einen Kuchen backen?
5 Du weißt doch, ich mag diese Äpfel nicht.
6 Wenn du mich fragst: Mir gefällt der neue Mantel nicht.
7 Ich habe Ihre E-Mail nicht bekommen.
8 Entschuldige, ich habe die Bücher nicht abgeholt.
9 Ich heirate dich nicht.
10 Ich möchte nicht Lehrer werden.
11 Hallo, hörst du mich, ich habe die Führerscheinprüfung nicht bestanden!
12 Ich möchte dir die Geschichte nicht erzählen.
13 Ich möchte dieses Jahr nicht an den Wolfgangsee fahren.

▶ Track 62 Übung 23c
14 Der Maler Wenzel ist mein bester Freund, obwohl er immer zu spät kommt.
15 Ich bin wirklich sehr faul, trotzdem stehe ich jeden Morgen früh auf und gehe vor der Arbeit joggen.
16 Ich liebe Zimmerpflanzen, aber ich habe keine, weil es in meiner Wohnung zu dunkel ist.
17 Ich gehe zwar gern ins Theater, aber heute bin ich zu müde.

▶ Track 63 Übung 23d
18 Ich würde mich freuen, wenn Sie auch kommen würden.
19 Ich glaube, ich hätte diesen Fehler auch gemacht.
20 Ich wäre gern noch länger geblieben, aber der Urlaub war zu Ende.
21 Wenn ich das gewusst hätte, wäre ich nicht mitgekommen.
22 Wenn ich da gewesen wäre, hätte ich dir geholfen.

Lösungen zu den Aufgaben im Kursbuch

Lektion 0: Freut mich
Aufgabe 1 a: 4; b: 2

Lektion 1: Glückwunsch
Einstieg, Aufgabe 1: A: 6; B: 4; C: 1; D: 2; **Abschnitt A, A1:** Michael: Geburtstag – am 30. Dezember, feiern bis 1. Januar, mit Freunden und Familie, o. Ä.; Frido: Pfingsten – Großeltern (aus Amerika) die ganze Familie trifft sich; Sonja: Weihnachten – kauft gern Geschenke, schon im Sommer o. Ä.; Andi: Ostern – viel Spaß mit den kleinen Geschwistern o. Ä.; Jule: Namenstag – zusammen mit der Großmutter feiern, einkaufen, Kino gehen, schön essen o. Ä. **A2:** Frohe / Fröhliche Ostern; Schöne / Frohe / Fröhliche Pfingsttage; Schöne Feiertage; Herzlichen Glückwunsch zum Geburtstag; Gutes / Glückliches neues Jahr; Frohe Weihnachten; Herzlichen Glückwunsch zum Namenstag; Schöne / Frohe Pfingsten **Abschnitt B, B1a:** A: 8; B: 1; C: 7; D: 6; E: 3 (ev. auch 2); F: 2 (ev. auch 3); G: 5; H: 4 **B2a:** A: 1; B: 3; C: 2 **b** 1: falsch; 2: richtig; 3: richtig; 4: falsch; 5: richtig; 6: falsch **C2a** Lösung: 1; (2, da stellt sie nur fest, dass er nicht ans Telefon gegangen ist. Sinngemäß kann man das ev. akzeptieren, sprachlich stimmt es aber nicht.) ; 3; 4; 7; 9; (10: sie fragt, ob es ihm besser geht. Und nicht, wie es ihm geht.) **b:** Du schaffst das. Viel Glück. **Da:** 1: C; 2: B; 3: A **Ea:** A: 3; B: 2; C: 1; D: 5; E: 4; G: 1; 4 (das passt zu beidem)

Lektion 2: Viel Spaß
Einstieg: 1: S; 2: P; 3: Ä; 4: T; 5: Z; 6: L; 7: E; Spätzle **B2:** 1: Nein; 2: Ja; 3: Ja **B3:** Lösung: 1; 2; 5; 6; (3 ist falsch, weil nicht von Lieblingsmusik sondern insgesamt von Musikvorlieben gesprochen wird); *Klaus:* 1; 2 (diese Lösung kann man auch kontrovers sehen: „Und wenn ich traurig bin, hilft sie mir, richtig traurig zu sein. Wenn ich fröhlich sein will, macht sie gute Laune."); *Pedro:* 2 (6: Darüber kann man diskutieren, aber ganz passt die Aussage nicht: „Auch kann ich an dem einen Tag etwas ganz toll finden und stundenlang hören, es aber am nächsten Tag sofort abschalten, weil es mir auf die Nerven geht."); 6; *Ami:* 1; 2 (sie spricht von der beruhigenden Wirkung von asiatischer Musik); 5 *Lilo:* 2; 3; 6 **B3c** Klaus: a: ja; b: nein; c: ja; **2 Pedro:** a: ja; b: nein **3 Ami:** a: nein; b: ja **4 Lilo:** a: ja; b: ja **C31** 1: b 2: a, c; 3: b; 4: b; 5: a

Lektion 3: Mal was anderes
A2a: Antwort 1: Foto B; Antwort 2: Foto A: Antwort 3: Foto D; Antwort 4: Foto E; Antwort 5: Foto C **b** 1 falsch; 2 falsch; 3 falsch; 4 richtig; 5 richtig **d** *1:* 3; *2:* 4; *3:* 1, (3), (4), 5 *4:* 1; *5:* 1; *6:* 3; *7:* 2; *8:* 2; *9:* (2), 5; *10:* 5 **B2a:** *Nazmun Nesa Piari:* kommt aus Bangladesch, lebt in Berlin, Auslandskorrespondentin (sowie Übersetzerin und Lyrikerin), schreibt für Zeitungen (in Indien, in New York und in ihrer Heimat), seit 2002 (steht nicht explizit, aber lässt sich herleiten), die vielen Menschen in Berlin, wie in ihrer Heimat (und sie kommt überall schnell hin), sie schreibt, damit die Menschen in ihrem Heimatland (und im Ausland) verstehen, was in Deutschland passiert; *Nguyen Xuan:* kommt aus Vietnam, lebt in Berlin, ist Auslandkorrespondent, er schreibt für Zeitungen und Webseiten (über Politik und Wirtschaft, aber auch Kultur und Sport sowie über die Vietnamesen, die in Deutschland leben), seit 3 Jahren, das bunte und interessante Leben in Berlin (und Deutschland, er sieht viel im Land), er will, dass die Menschen in seiner Heimat alle Informationen pünktlich erhalten (über diese Antwort kann man diskutieren: Er arbeitet bis Mitternacht, weil die pünktliche Information sein Anliegen ist.) **B3a:** oft bis spätabends arbeiten, die Menschen in der Heimat informieren, nicht nur in einer Kultur leben (wird nicht direkt gesagt), weit entfernt von zu Hause leben (wird nicht direkt gesagt), ein spannende Arbeit haben, gern über neue, unbekannte Dinge schreiben (wird nicht direkt gesagt)

Lektion 4: So war's
A1a: erster Schultag **b** langweilig, sie ist enttäuscht **c** Schultüte, Federmäppchen, Füller, Kugelschreiber, Bleistift, Buntstifte, Tagebuch **A2:** 1: wollte lesen lernen 2: er hat niemanden gekannt, er war neu in der Stadt 3: seine Schultasche war leer 4: die Lehrerin war nett, lustige Lieder gelernt, drei neue Freunde **B1b:** 3 **B2:** Traum A: Antwort 2, Traum B: Antwort 3, Traum C: Antwort 1 **C1a:** Text 1: C, Text 2: B, Text 3: A **b:** Kommentar 1: Text –, Kommentar 2: Text 3, Kommentar 3: Text 2, Kommentar 4: Text 1 **D2a:** Isi Schäfer ist Abiturientin, (kann fließend mehrere Fremdsprachen sprechen; das dachte sie zumindest), konnte ihre Fremdsprachenkenntnisse verbessern, eine Ausbildung als Dolmetscherin machen; Ulrich Meier ist Förster, sich um den Wald kümmern, Tiere und Pflanzen schützen, Bäume pflanzen, ein Naturschutzgebiet leiten **D2b:** *Isi Schäfer:* 1: richtig, 2: richtig (wenn TN falsch ankreuzen und sagen, dass sie das Geld für einen Auslandsaufenthalt bekommt, sollte man das diskutieren, 3: falsch (sie hat die Kurse besucht), 4: falsch, 5: richtig, *Ulrich Meier:* 6: falsch (da er nicht als Förster sondern als Leiter dort arbeitet, er ist zwar Förster von Beruf) 7: falsch, 8: richtig, 9: richtig, 10: richtig

Lektion 5: Also gut, geht in Ordnung
Einstieg: Lösungsbeispiele: Da war kein Fleisch in der Suppe. / Ich muss mich beschweren, da war fast kein Fleisch in der Suppe / Könnten Sie mir bitte etwas Fleisch bringen, da ist kein Fleisch in der Suppe; Oh, das tut mir aber leid, so etwas ist mir noch nie passiert. / Ich weiß nicht, wie das passieren konnte. / Ist das nicht super,

Lösungen zu den Aufgaben im Kursbuch

genau wie wir das wollten! / Das ist ja schrecklich! / Das ist viel zu rot. / So wollte ich das aber nicht haben. / Das ist nicht die Farbe, die wir ausgewält haben. / Das ist nicht meine Farbe, was machen wir jetzt? **A1:** Scheibenwischer hinten **A2:** Zündkerzen (billig) und Katalysator (teuer) nicht im Auftrag **A3:** Sie ärgert sich über die Rechnung, weil sie so teuer ist / weil mehr gemacht worden ist / weil der teure Katalysator nicht im Auftrag stand / weil sie wenig Geld ausgeben wollte (siehe Hörtext Track 2 auf CD 2) **A4b:** Ich bin wirklich sehr enttäuscht., Das ist wirklich sehr ärgerlich., Sie müssen doch anrufen, bevor Sie ... **A5a:** Argumente Herr Leitner: ohne Bremsen und Katalysator kein TÜV / TÜV war im Auftrag / ohne TÜV darf man nicht fahren / Frau Taler hatte nicht gesagt, dass man anrufen sollte / Anruf vor Reparatur war nicht besprochen – Argumente Frau Taler: sie hatte gesagt, dass sie wenig Geld ausgeben wollte / neuer Katalysator war nicht im Auftrag / so etwas muss man besprechen **B2a:** 1: B, 2: C, 3: A, 4: C **b:** 1: 56 Prozent kaufen im Internet ein, Zahl wächst 2: weil es einfacher ist, weil das Angebot besser ist, manches geht nur noch über das Internet, es geht schneller, es ist einfacher, es kostet oft auch weniger, man kann in Ruhe die Preise und Angebote vergleichen 3: Online-Shopper bleiben in ihrem Land 4: Online-Geschäfte sind immer offen, die Ware wird direkt nach Hause geliefert, oft am nächsten oder übernächsten Tag da, Packstation – spät abends abholen, wie andere Kunden das Produkt bewerten **C2a** Flohmarkt, Zauberer **C2b:** 1: nein, 2: ja, 3: nein, 4: ja, 5: nein, 6: ja, 7: nein, 8: ja, 9: ja, 10: nein **C2c:** S – B – S – S – S – S – B – S – B – B – B – B – S – S – B – S – B – B – B – S **D1:** 1: D, 2: E, 3: C, 4: -, 5: B, 6: A

Lektion 6: Gefällt mir

A1a: A: 3, B: 1, C: 2 **b:** Text A: positiv: wandern, Mountainbike im Gebirge fahren, klettern, auf Berge steigen, Klima angenehm, ein Bierchen, Text B: positiv: Hund (süß, lieb, beißt nicht) man darf ihn streicheln, kleine Katzen, reiten, Schweinchen süß, bei Gewitter auf der Weide, Essen super Text C: negativ: die Glocken der Kühe wecken Dich, eiskaltes Quellwasser zum Duschen, nachts kalt, mittags brennt die Sonne, die Berge sind zu steil, Vieh im Stall füttern, Wiesen feucht, Fliegen und Mücken, Insekten stechen, Blumen blühen nicht im August, Essen (schmeckt am Meer besser) **Ba:** A: Sessel aus CDs, B: Sessel aus Beton, C: Vasen aus Altglas, D: Regal aus alten Büchern, E: Sessel aus Wollresten, F: Sessel aus alten Reifen, G: Lampen aus Blechdosen, H: Kleiderbügel aus Stuhllehnen, J: Stuhl aus alten Kleidern, K: Stuhl aus Holzresten, L: Kommode aus alten Schubladen, M Teppich aus Wollresten, N: Schränke aus alten Kisten **C1a:** 1: richtig, 2: b, 3: a und b **b:** A: 2, B: 1, C: 3, D: 6, E: 5, F: 4 **c:** 1: D, 2: A, 3: C, 4: F, 5: B, 6: E **C2a:** Gefährliche Stoffe dürfte man nicht verkaufen. / Diese Kennzeichnung kann man auch verstehen, wenn man die Sprache nicht versteht. / Man müsste die Produktion von solchen Stoffen verbieten. / Damit kann man Unfälle verhindern. / Wirklich vernünftig, weil das jeder verstehen kann. / Nicht so gut, weil man die Symbole leicht verwechseln kann. / Man sollte nur Mittel produzieren, die nicht gefährlich sind. / Ein guter Versuch, das international zu regeln. Aber ob sich alle Länder daran halten werden? Das glaube ich nicht. / Ich habe kein Vertrauen, dass Symbole helfen. Die Leute machen doch, was sie wollen. **D1a:** (Information: Alle diese Geräte enthalten Chips, die Funktionen erfüllen, die auch in Computern möglich sind. Deshalb wird im Sprachgebrauch von „Minicomputern" gesprochen, rein technisch gesehen, enthalten sie „Chips".) **D2a:** ein einfaches kleines Gerät **b:** 1: ja, 2: nein, 3: ja, 4: nein, 5: ja, 6: nein, 7: nein, 8: ja

Lektion 7: Das tut gut!

Einstieg: 1: Die Ameisen – 1 In Hamburg wohnten zwei Ameisen. – 2 Die wollten nach Australien reisen. – 3 In Altona auf der Chaussee, – 4 taten ihnen die Beine weh. – 5 Und so verzichteten sie weise, – 6 Auf den letzten Teil der Reise. **2:** A passt zu 1 oder 2, B passt zu 4, C passt zu 6, D passt zu 2 (oder eventuell auch zu 1), E passt zu 2 (oder auch zu 3), F passt zu 5 oder auch zu 6 **A2:** A: 5, B: 1, C: 4, D: 2, E: 3 **B1b:** ... erkältet: 4, Hautprobleme: 1, 3, 6, Probleme mit dem Magen: 3, (5), schlecht schläft: 2 **B2a:** Gespräch 1: Erkältung, Gespräch 2: Brandwunde, Gespräch 3: Zahnschmerzen, Gespräch 4: Schlafprobleme **b:** Gespräch 1: Lindenblütentee (4), Gespräch 2: Johanniskrautsalbe (6) , Gespräch 3: – Gespräch 4: Baldriantee **c:** zum Zahnarzt gehen / Zahnschmerzen können gefährlich sein **D2b:** 1:b, 2:b, 3:a, 4:a, 5: a, 6: a, 7: b

Lektion 8, gut, obwohl ...

A1b: Bei einem Wettkampf werden Mannschaftsspiele veranstaltet **A2:** 1: für die nationalen und internationalen Spiele, 2: einmal in jedem Land statt, 3: mit Unterbrechung und zum Teil mit anderen Ländern statt, 4: Spiel ohne Grenzen wird es vielleicht geben, aber wahrscheinlich ohne die Teilnahme von Deutschland **C3b:** es handelt sich um ein privates Gespräch. Dabei hat es einen „geschäftlichen" Aspekt, aber eigentlich ist es ein fröhliches Gespräch, da beide Partner eine Rolle spielen. **c:** 1: richtig, 2: richtig, 3: falsch, 4: richtig, 5: richtig, 6: falsch, 7: falsch, 8: richtig (Indianergeheul), 9: falsch, 10: richtig, 11: richtig, 12: falsch (*ein super Gehalt* bedeutet immer viel Geld)

Quellenverzeichnis

Seite 80: Gedicht *Die Ameisen* (leicht verändert) von Joachim Ringelnatz aus *Das Gesamtwerk* in sieben Bänden, Band 1: Gedichte, Zürich, 1994, S. 65/66

Seite 81: Gespräch nach *„Meditation ist Fitness für die Seele"*, FOCUS 09/2011 vom 28. Februar 2011